SHODENSHA
SHINSHO

正常化の密約

直人

祥伝社新書

まえがき

中国と北朝鮮の関係に異変が起こっている。中国の国慶節（十月一日）に北朝鮮から送られた祝賀文はそっけないもので、これまであった「朝中親善を、代を次いで強化し発展させてゆく」というキーワードが姿を消した。十月六日の中朝国交樹立六十五周年の当日も、北朝鮮は慣例の祝電を中国に送っていない。

他方中国もまた、七月二十七日の朝鮮戦争休戦記念六十一周年に、恒例の大型訪朝団を派遣していない。昨年は李源潮《りげんちょう》国家副主席が代表団を率いて平壌《ピョンヤン》入りしていたのである。北朝鮮の建国記念日（九月九日）に寄せた祝電からは「伝統継承、未来志向、善隣友好、協調強化」の文字がなくなった。これは前胡錦濤《こきんとう》政権当時の慣用句だったものである。さらには今年に入ってから、公式の統計を見るかぎり、中国から北朝鮮向けの石油供給も止まっている。

両国の関係が険《けわ》しいものになったのは、互いに新指導者が誕生したことも一つの要因である。習近平《しゅうきんぺい》主席は若いころ紅衛兵《こうえいへい》だった。文化大革命が幕を閉じると、貧しい内陸の農村に追いやられた彼らが目にしたのは、絶望的な貧困の中にいる農民の姿であった。あれから四〇年。時計の針が止まったかのように、今も「文化大革命」を続けている隣国がある。中国共産党首脳たちの北朝鮮を見る目は冷淡であり、嫌悪感に満ちている。

一方、金王朝の三代目の後継者金正恩《キムジョンウン》は、核ミサイル発射実験に反対するなどの内政干渉を続ける中国の姿勢に反発し、北京《ペキン》を訪れようとはしない。こうしたなか、昨年十二月には、中国とのパイプ役になっていた張成沢《チャンソンテク》国防委員会副委員長が粛清された。もうここまでくれば一朝一夕に和解はない。

追いつめられた北朝鮮が突然日本に微笑《ほほえ》みかけてきたのも、宜《むべ》なるかなである。五月には日本と北朝鮮の外務省局長の間で合意がなされ、七月には懸案の日本人拉致《らち》問題を含む調査委員会が北朝鮮に設立された。

日本にとっては、拉致問題解決のチャンスが生まれた。戦略的に優位にあるのは日本側。だが日本外務省の前のめりの姿勢や、マスコミの明日にも拉致された家族が帰るかのような一方的報道は、和解を求めているのは日本側というメッセージを北朝鮮に送ってしまった。九月にもと思われていた第一回の調査報告は、結局提出されなかった。そればかりか、拉致問題の調査について説明するから平壌《ピョンヤン》に来いとまでいう始末である。

このままいけば拉致問題に進展もないまま、事態は推移するだけである。だが日本にカードがないわけではない。それは「日朝平壌宣言」の破棄を通告することである。通告までせずとも、破棄をちらつかせるだけでも充分だ。

実のところ「宣言」に何が書かれ、何が約束されているか、その内実を知る国民はほとんどいない。文面からその全貌《ぜんぼう》を読み取ることは、よほどの専門家でない限り無理である。メディアもそれを伝えようとはしない。

「宣言」に巧妙に仕込まれた日本からの援助が、いかに膨大で理不尽なまでに至《いた》れり尽《つ》くせりのものであるか、それを知れば誰しも怒りを禁じえないであろう。それを負担するのは税金であり、これは国民に対する背信行為といっても過言ではない。

それだけに、交渉では絶対的なカードになりうる。本気で拉致問題を解決する覚悟があるのなら、政府は「宣言」の破棄を平壌に通告すべきである。

いまや北朝鮮は、土下座して中国からの援助再開を乞《こ》うか、拉致問題を全面的に解決して日本からの支援を求めるのか、その岐路に立っている。

国民は、いまこそ「密約」の中身を知っておかなければならない。

二〇一四年十月吉日

青木《あおき》 直人《なおと》

目次

序章　拉致問題と正常化交渉の行方　13
北朝鮮のペースで進む日朝協議　14
北朝鮮は、なぜ急に対日姿勢を変えてきたのか　17
国民が知らない「正常化」の中身　21

第1章　「日朝平壌《ピョンヤン》宣言」には、何が書かれているか　25
——日本が負担する資金援助の実態

(1)　破綻国家・北朝鮮の現実
かつてはあった北朝鮮の幸せな時代　26
日本で起こった「北朝鮮ブーム」　28
北の度重《たびかさ》なる代金繰《くり》延《の》べ、未払い問題　31

総連系の愛国企業も喰い物にされた　33
「毒針」が仕込まれた中国の援助　34

(2)「日朝平壌宣言」の読み方

国交回復と同時に発生する義務　37
援助の前提におかれた「植民地支配」への謝罪　38
「無償資金協力」と「低利の長期借款供与」　40
「国際機関を通じた人道主義的支援」　45
「リスクは日本が丸抱《がか》えで面倒見ます」という外交宣言　51
日本からの援助総額は、いくらになるのか　54
日本が朝鮮半島に遺した資産の総額とは　56
北朝鮮は日本からの金を何に使うのか　60
プロジェクトの概算すら当てにならないという実態　67
実際の経費を押し上げる賄賂《わいろ》と自然環境　69
借金を返す必要はないと考える人たち　70

第2章　北朝鮮の政権内部で、起こっていること　75
——先軍政治の桎梏《しっこく》と、対中関係の真実

（1）張成沢《チャンソンテク》粛清事件の真相
中国の北朝鮮に対する姿勢の変化　76
中国が北朝鮮に開放を求める理由　80
北朝鮮が援助の代償に供出したもの　82
チャイナマネーにたかる労働党幹部たち　86
北朝鮮の未来に残された二つの道　92

（2）先軍政治という桎梏《しっこく》
先軍政治とは何か　95
なぜ、先軍政治から脱することができないのか　96
金王朝、体制内部の亀裂　101
最後の金《かね》づるは、対日関係改善　104

目　次

第3章　着々と北に侵食する中国　107
——東アジア経済圏構想に呑《の》み込まれる北朝鮮

（1）環日本海経済圏構想に邁進《まいしん》する中国
新潟を一大拠点にしたい中国　108
日本企業の思惑　112
環日本海経済圏構想と、ロシアの動向　114

（2）北朝鮮の資源を狙う両大国
北朝鮮虎の子の銅山　116
中国の資源あさりに高まる警戒心　117

第4章　正常化「利権」の闇　123
——なぜ大手ゼネコンが色めき立つのか
小泉訪朝のあと、大手ゼネコンが朝鮮総連詣《もうで》をしたわけ　128

西松建設が持っている建設当時の設計図 130
「アンタイドローン」に翻弄《ほんろう》される日本企業 133
コメ援助に「全農パールライス」を指定 142
中国企業は、なぜ北朝鮮から撤退したか 148

第5章 米国、ロシア、韓国、それぞれの思惑 153
――北朝鮮をめぐって交錯する国益

(1) 中国・韓国接近のお家の事情
韓国の朝貢と、宗主国の「熱烈歓迎」 154
中韓貿易の落とし穴 158
北朝鮮のレーゾンデートルを否定した習近平 159

(2) プーチンの野望、対中貿易従属関係からの脱却
中国がロシアに借款を与える時代へ 167
アジア太平洋の多国間経済圏構想 169

（3）「第二次朝鮮戦争」は起こりうるか
米中は軍事的対決、経済的「同盟」関係 171
ドルに姿を変える中国の富 174

第6章 安倍政権の選択肢 185
――「拉致、正常化」一括解決案への疑問

なぜ「拉致の完全決着」は実現困難なのか 186
いまだ「権威」を確立できていない金正恩 187
日中以上に異様な、中国と北朝鮮との関係 189
拉致問題解決の切り札 204

〈資料①〉日朝平壌宣言（二〇〇二年九月十七日） 218
〈資料②〉日朝局長級協議・合意事項（二〇一四年五月二十九日） 215
〈資料③〉日朝関係に関する日本の自由民主党、日本社会党、朝鮮労働党の共同宣言（一九九〇年九月二十八日） 212

序章　拉致問題と正常化交渉の行方

北朝鮮のペースで進む日朝協議

五月二十九日、日本と北朝鮮外務省との「日朝局長級協議・合意事項」（全文は215〜213ページ参照）が、明らかにされた。協議は、金正恩《キムジョンウン》朝鮮労働党第一書記が政権トップに就任してから初めて行なわれたものだった。

合意事項を発表する前に、日本と北朝鮮外務省は、第三国で秘密裡に話し合いを続けてきた。それまで膠着《こうちゃく》状態だった日朝関係が話し合いに向けて進展したのは、北朝鮮側が懸案の日本人拉致問題で前向きな姿勢を見せたためである。

日本側が期待したのは、北朝鮮側の交渉の中心メンバーに、金正恩第一書記に直接つながる国家安全保衛部のナンバー2《ツー》が加わっていたからだ。

国家安全保衛部は北朝鮮の最強の秘密情報機関であり、最高指導者に直結している。二〇〇二（平成十四）年の小泉純一郎《こいずみじゅんいちろう》総理の北朝鮮訪問時も、事前に日本側の田中均《たなかひとし》外務省アジア大洋州局長（当時）の交渉相手だったのが、この保衛部の「ミスターX」なる人物だった。のちに彼の本名が柳京《リユギヨン》であり、保衛部の副部長であったことが判明する（その後、粛清）。

今回、これまでの実権のない外務省ではなく、前回同様、国家安全保衛部が前面に登場したことが、日本側の肯定的な反応につながった。日本側は、七月の調査委員会設立の時点で、一部の制裁を早々と解除した。

だが「合意事項」では、解決事項の優先順位で両国に違いがあった。日本側は、①拉致被害者、②行方不明者（いわゆる「特定失踪者」）、③日本人遺骨収集、④残留日本人・日本人配偶者という優先順位を考えており、当然のことながら、①と②が最大の関心事である。だが北朝鮮の優先順位は文字どおり逆で、「合意事項」には、④③①②の順で書かれていた。拉致は三番目、行方不明者（特定失踪者）の調査は一番後回しにされていた。

合意された調査期間は、ほぼ一年。「九月ごろには第一回目の調査結果が北朝鮮から報告される」というのが日本政府の発表だった。

日本政府と北朝鮮政府がこういう合意に達し、政府間の話し合いに入ったのは小泉総理の北朝鮮訪問以来のことで、その間、北朝鮮では金正日《キムジョンイル》総書記が死去、日本でも小泉、安倍《あべ》（第一次）、福田《ふくだ》、麻生《あそう》、そして民主党が政権を奪取してからは鳩山《はとやま》、菅《かん》、そして野田《のだ》と七人もの総理が交代していた。拉致された子供や親を待つ被害者家族の方々には、長く実りのない一二年間であった。

九月末、首を長くして吉報を待っていた拉致被害者の家族会（以降「家族会」と略）と国民に、不快な報道が伝わった。北朝鮮外務省から、まだ報告すべきことはない、調査期間はあと一年あるという「いつもの」回答が返ってきたからだ。それだけではなかった。ニューヨークの国連本部において、各国の外交官たちに対し「拉致問題は完全に解決済み」「日本が義務を果たすべき」との暴言まで吐いたのである。家族会は激怒した。国民も同様だった。

これに対して北朝鮮からは外務省に対して、平壌《ピョンヤン》に来て調査報告を直接担当者から確認してほしいとの依頼がきた。結局安倍総理の強い意向もあり、外務省は平壌に代表団を派遣することに決定、また同時に日本人の北朝鮮墓参りの事業化も進めている。

こうした政府の対応に、家族会の横田早紀江《よこたさきえ》さんは「日朝国交正常化を急ぐために、すべてのことをないがしろにすることだけはしてほしくない」と苛立《いらだ》ちを隠していない。拉致被害の当事者だった曽我《そが》ひとみさんも同じだ。彼女は語る。「北朝鮮からはっきりした調査が出た後ならともかく、今の状態では派遣に反対だ」。

彼女たちが直感したように、日本の外務省の姿勢には、拉致問題の全面的な解決よりも、むしろ北朝鮮との正常化を優先させる姿勢がありありとみえていた。

これは前回二〇〇二年の田中均局長の北朝鮮外交から一貫している。そうした姿勢が北朝鮮に対する融和的、というより迎合的な対応につながっていた。

北朝鮮は、なぜ急に対日姿勢を変えてきたのか

ここで正確に日本人が知っておくべきは、なぜこれまで「拉致は解決済み」としてきた北朝鮮が姿勢を一変させ、日本側にアプローチしてきたのか、その理由である。

北朝鮮が日本に急接近してきた理由は、北朝鮮が深刻な体制危機にあるからだ。そのために、この間の経緯を見ておきたい。

まず金正日総書記が三年前に逝去、その三男・正恩が後継者となったこと。さらに国内においては、政権のナンバー2と言われた張成沢《チャンソンテク》国防副委員長が二〇一三年暮に、衝撃的な形で粛清・処刑されたこと。加えて、経済制裁の渦中にある北朝鮮を唯一支援してきた中国との関係が決定的に悪化し、習近平《しゅうきんぺい》体制がまた北朝鮮という古い友人に見切りをつけ、韓国との関係構築に積極的に舵《かじ》を切り始めたことである。

内憂外患。これが政権発足から三年目の金正恩政権の現実なのである。とはいえ、ここまでなら新聞やテレビの報道や解説で、すでにご承知の方も多いにちがいない。

だが、今回金政権が日本に接近してきたわけは、それだけが理由ではない。

答えは、先の日朝局長級協議の「合意事項」に隠されている。そこには見逃してはならないいくつかのキーワードがある。それが「日朝平壌宣言」と「国交正常化」の二つの単語なのである。

二〇〇二年の小泉訪朝で、金正日総書記との間で取り交《か》わされたのが「日朝平壌宣言」(全文は218〜216ページ参照)であり、ここで確認されたのが両国の「国交正常化」であるが、今回北朝鮮は、安倍首相が「合意事項」のなかで、「日朝平壌宣言」を再確認したことを重要視した。彼らはここに安倍政権の真剣さを感じ、拉致日本人再調査に応じたのである。北朝鮮の狙いは一つ、「正常化」の暁に日本から供与される莫大な経済援助である。

今回二〇〇二年の「宣言」の履行《りこう》を北朝鮮側に確約したのは、安倍晋三《しんぞう》総理である。小泉訪朝には官房副長官として同行し、拉致された日本人の奪還についても、中山恭子《なかやまきょうこ》氏とともに妥協を排し、原則的姿勢を堅持した「拉致の安倍」である。

安倍政権は長期政権になると見られているし、与党も国会で多数を占めている。また「拉致の安倍」は「家族会」との長い付き合いがあり、信頼も深い。だからこそ、北朝鮮には心強い。それは「家族会」の不満を彼なら抑え切れるとみているからだ。これが北朝鮮に融和的と見られていた加藤紘一《かとうこういち》や河野洋平《こうのようへい》ではそうはいかない。最初から「家族会」

に信頼されていないからだ。安倍政権の高支持率、長期政権、多数与党、そして家族会とのパイプ。さらに現在の中国に対する強硬な姿勢も、今の北朝鮮なら大歓迎だ。

彼らが恐れているのは、二〇〇二年の失敗劇の再現である。二〇〇二年には、金正日が極めて異例なことに、日本人拉致を認め謝罪したにもかかわらず、そのことがかえって日本人の怒りに火をつけ、逆に日朝正常化が遠のく結果になった。日本側では、田中均局長は外務省を追われ、拉致の隠蔽《いんぺい》に加担した社民党の土井《どい》たか子《こ》元委員長は、落選に追い込まれた。

もはや日本を振り向かせるには、拉致問題を解決しないとどうにもならない。これが北朝鮮側の総括と反省だった。北朝鮮は、それだけの覚悟を持って、今回の協議に臨んだはずである。

今回の「合意事項」とそれに続く制裁の緩和措置は、拉致の全面解決にはつながらない。両国外務省の交渉の場で、日本側がいともたやすく「正常化」というカードを切ったことで、もともと全面解決する気のない北朝鮮側に足元を見られ、逆に拉致の全面解決は遠のいたというのが私の結論である。

この後は、何人帰国させるかという中途半端な落としどころを探る以外になかろう。つまり、抜本的な解決ではなく、駆け引きだけがものをいう交渉になってしまった。日本側に正確な情報がないことも一因だ。

すでに北朝鮮は、拉致被害者に関するある程度のリストを日本側に出しているはずだ。だがそれは日本側を納得させるものではなかったのだろう。ではどのあたりで落としどころを見つけるのか。今後行なわれるのは、そこのところの押し合いである。

本来日本側は、けっして安易な妥協はしないとデンと構えて、相手の出方を見定めていればいいのだ。ところが外務省が「正常化」を焦るばかりに、交渉の主導権は、いつの間にか北朝鮮に移ってしまっている。

北朝鮮と中国との関係は悪化するばかりだ。それだけに北朝鮮にとって、日本との和解と国交樹立は、ぜひ成功させたい喫緊の外交課題なのだ。中国を牽制《けんせい》するためにも、北は日本を必要としている。

だからこそ、性急に「平壌宣言」や「国交樹立」の言質《げんち》を与えるべきではなかったのである。これは最後に取っておくべきカードだったのだ。

国民が知らない「正常化」の中身

本書のタイトルは「日朝正常化の密約」である。そのこころは、ほとんどの国民は「日朝平壌宣言」や「国交正常化」の実態を把握していないことに由来する。

拉致された日本人が帰ってくるのなら、正常化もやむをえないと漠然と考えている人がほとんどである。国民の多くは、正常化以後、日本が何を要求されるのかを理解していない。外務省も、あえて突っ込んで説明をしようともしない。首相官邸のＨＰで「日朝平壌宣言」を掲載していますと彼らは弁明するかも知れない。だが国民の多くは外交の素人《しろうと》である。一読しただけで、その意味するところまではわからない。

日朝平壌宣言は、軽く読み飛ばしていい文書ではない。ここに書かれた約束事は、将来の日本外交を拘束する山ほどの援助手形が切られているからだ。国民がこの事実を知らない以上、これを「密約」といっても過言ではないだろう。

具体的な経済支援の内容と金額、さらに援助のからくりこそ、納税者である国民が一番に知っておかなければならないことである。なぜなら、援助は私たちの血税からなされるからである。これは納税者の権利でもある。

ところが、普段は消費税がどうの、所得税がどうのと税金の使い方に厳しい目を光らせる新聞もテレビも、対北朝鮮支援で日本人の税金がどう使われるのかには一切言及しようとはしない。

そもそも普通の日本国民は北朝鮮と国交を結びたいとは思っていない。日本でそう思っているのは媚朝日本人と外務省くらいのものだろう。それどころか北朝鮮支援など、たいがいにしろというのが本音である。

だがいま国がやろうとしていることは、日本に不法入国して日本人を拉致した北朝鮮に被害者である日本の側がお金を払って、彼らを帰していただくという「外交」にすぎない。

誘拐犯に身代金を払ってはならないというのが刑事警察の鉄則である。国際的に見てもテロリストに恫喝《どうかつ》されて身代金を払う国はない。その唯一例外的な国が今の日本なのである。

国交が樹立した後の日本からの援助は、すべて「植民地支配の反省」を踏まえたものとなる。「日朝平壌宣言」には、戦前の植民地支配への謝罪が述べられている。一九六五(昭和四十)年の日韓正常化当時は、このような文言はどこにもなかった。だが一九九〇

（平成二）年、金丸信《かねまるしん》の率いた自民党・日本社会党訪中団と朝鮮労働党の交わした「三党共同宣言」（全文は212～210ページ参照）からは「植民地支配への反省」が明記されてゆく。

そして三党合意が政府間のものではなく、あくまで政党間の合意であったのが、二〇〇二年の「日朝平壌宣言」では、正式な両国の指導者の合意文書に「植民地支配への反省」が書きこまれた。そして横田めぐみさんや有本恵子《ありもとけいこ》さんらの拉致被害者が帰国せぬまま、外務省同士の「合意事項」として、「日朝平壌宣言」も「国交正常化」も再確認されたのである。

では、次章より、肝心の「日朝平壌宣言」の中身の検証に入りたい。

第1章

「日朝平壌《ピョンヤン》宣言」には、何が書かれているか

——日本が負担する資金援助の実態

（1）破綻国家・北朝鮮の現実

かつてはあった北朝鮮の幸せな時代

北朝鮮は国際的孤児であり、経済破綻《はたん》国家である。一六二もの国と外交関係を結んではいるが、かつての中ソ両国のように強いバックアップを期待できる国は皆無であり、中国との関係も、近年急速に悪化しつつある。政治的孤立に加え、経済となると、さらに絶望的な状況にある。

結論の前に、まず建国以来の北朝鮮経済の流れを説明しておきたい。

一九四八（昭和二十三）年に誕生した朝鮮民主主義人民共和国（＝北朝鮮）は、日本の敗戦後、朝鮮半島に進出してきたスターリンのソ連によってつくられた。スターリンが指名した北朝鮮の指導者が、金日成《キムイルソン》であった。

そうした背景のもと、北朝鮮の建設はソ連の圧倒的な支援によって行なわれたが、インフラの基本は、日本統治時代に建設されたダムや鉄道などが中心であった。その後、一九五〇（昭和二十五）年に、金日成が南北統一を目的に朝鮮戦争を起こし、この戦争で中国が義勇軍を派遣したことから、両国の絆《きずな》が太いものとなった。

朝鮮戦争後、北朝鮮はソ連、中国の二大社会主義大国から、石油などのエネルギーや食糧を与えられ、冷戦の只中《ただなか》を乗り切ってきた。

北朝鮮の社会主義国への依存の姿勢に変化が起こったのは、一九七二（昭和四十七）年の米国ニクソン大統領による中国訪問がきっかけだった。アメリカ帝国主義批判を外交の柱にしてきた金日成にとって、米中の接近が衝撃的でないわけがない。それを裏付けるように、金日成がニクソン訪中を「白旗を掲げて中国を訪れる」と評論したのは、発表から実に二〇日も後のことだった。

ニクソンショックを契機に北朝鮮も、従来の中ソ支援依存経済から脱し、西側に対する経済の門戸開放を目指す。直接的な背景は、一九七二年に初めて行なわれた南北朝鮮閣僚の相互訪問だった。ソウル入りした北朝鮮側の朴成哲《パクソンチョル》副首相らが目にしたのは、ライバル韓国の成長だった。当時すでに韓国は、一九六五（昭和四十）年の日本との正常化を通じて手にした経済支援（無償三億ドル、有償二億ドル）をもとに、「漢江《ハンガン》の奇跡」と呼ばれた経済成長を遂《と》げており、こうした現実が、金日成の危機感を強めたのである。

日本で起こった「北朝鮮ブーム」

その北朝鮮と日本との貿易についてだが、戦後日本と北朝鮮の貿易が再スタートしたのは一九五六（昭和三十一）年九月、当初は中国の大連《だいれん》を経由する間接貿易方式だったが、五九年から二カ国間の直接貿易に移行する。一九六三年には、日本の日朝貿易会と朝鮮国際貿易促進委員会の間で、両国商社間の商品取引契約に関する取り決めが締結され、これをもとに貿易取引に関する細目が合意された。直接取引が認められたため、一九六三（昭和三十八）年に三井銀行が、翌年には住友銀行が、北朝鮮の朝鮮貿易銀行とコルレス（為替取引）契約を結んでいる。

旧財閥の三井グループは、戦前大陸と朝鮮に大きな権益を有しており、現在、財界の北朝鮮ビジネスの情報収集機関になっている「東アジア貿易研究会」も、三井物産が財政的にバックアップしている。これについては、後でまた触れることにする。

一九六三年の契約を踏まえ、六五年に初めて首都平壌《ピョンヤン》で「日本商品展示会」が開催された。こうして細々と行なわれていた日朝のビジネス交流に転機が訪れたのは、ニクソン訪中声明があった一九七一（昭和四十六）年である（ニクソン訪中は翌年二月）。この年の九月には、中国が国連復帰も果たした。北朝鮮はちょうどこの年から「六カ年計画」がスタート、西側諸国からのプラント導入に力を入れ始めていた。こうした西側との貿易を、金日成主席はこう語っている。

「社会主義市場に頼っただけでは我々に必要なものを円滑に解決することはできない。……社会主義市場に引き続き依拠しながら、同時に資本主義市場にも積極的に進出し、そこから必要な資材と機械設備を買い入れるべきである」（工業部門熱誠者会議での講話）

当時北朝鮮の貿易相手国は、ソ連・中国といった社会主義国の割合が八割以上だったのだが、これ以後西側諸国の比重は急増し、一九七四（昭和四十九）年に入ると、約60％を占めるに至る。対日貿易でいうと、日本からの輸入が20％、輸出は11％というのが、日本側の公表した数字である。

米中和解でアジアに緊張緩和ムードが訪れていた一九七二年は、日朝貿易の転換点でもあった。この年一月、日朝貿易促進合意書が結ばれ、日本政府も、長い間日本側業者から要請されていたプラント類や農薬、それに各種機械設備の延払い《のべばらい》を承認。さらにエチレングリコール、セメントのプラント輸出、タオル、ボルトネック設備にも延払いや日本輸出入銀行の融資が認められる。日本政府が対北朝鮮貿易をバックアップしてゆくのである。この当時、平壌とのパイプは「日朝友好促進議員連盟」の会長であった田中派の久野忠治《くのちゅうじ》衆議院議員が務めていた。

こうした功績に感謝した金日成から、田中角栄《たなかかくえい》に親書が届いたのがこのころである。このような政治の追い風をうけて、経済界でもある動きがあった。七二年六月、朝鮮総連の実力者、金柄植《キムビヨンシク》第一副議長が画策して「協和物産」という日朝貿易の新しい窓口が誕生したのである。ここは両国貿易の独占的窓口として、商談はすべてここを通じて行なわれることが決められたのである。実際の出資者は、日本側の新日鐵、東芝など各業界大手の二〇社であった。

しかしキーマンだった金副議長がその年の十二月に失脚して本国に召還されたため、結局なにもしないまま、「協和物産」は、解散に至る。

同じころ、金第一副議長の工作で土光敏夫《どこうとしお》経団連副会長、永野重雄《ながのしげお》日商会頭、今里広記《いまざとひろき》日本精工社長、小山五郎《こやまごろう》三井銀行頭取ら財界首脳の大型訪朝団も計画されていたのだが、これも結局、実現することはなかった。金は野心家で、日本の経済界を取り込むために「庭掃除をしても」と発言し、総連内部でも顰蹙《ひんしゅく》を買ったほどである。

だが、当時の北朝鮮ブームの影響でコルレス契約を締結する邦銀は急増、一九七八（昭和五十三）年の段階で、三井、住友に加えて、三和、東海、協和、東京、北陸、埼玉、北海道拓殖、大和、太陽神戸、三菱、富士、第一勧銀、三井信託、日本興業、日本長期信用の一七行にも及んでいた。

北の度重《たびかさ》なる代金繰延《くりの》べ、未払い問題

北の海外プラント輸入の相手国は、日本だけではなかった。オーストラリア（化学肥料）、フランス、英国（石油化学）、ドイツ（機械設備）などの各国も参加していた。

こうした旺盛《おうせい》な外国製品の導入に水を差したのが、一九七三（昭和四十八）年の第一次オイルショックである。輸入品価格が暴騰《ぼうとう》し、その後北朝鮮の唯一の外貨獲得手段である資源価格も暴落、国際社会入りしたばかりの北朝鮮をグローバル化の波が襲う。その結果、北朝鮮政府の決済の遅れが始まり、七六年には支払い不能状態に追い込まれてしまうのである。これを契機に、順調に見えた日朝貿易は、急速に冷却してゆく。

一九七六年の時点で対日債務は八〇〇億円。度重なる請求にも応じない北朝鮮に対して、先に名前を挙げた商社、メーカー、銀行などの日本企業は、北側と交渉の末、とりあ

えず「債務繰延《くりの》べ」（支払いを数年猶予）という合意に達した。

このときの債権者グループが、先に触れた「東アジア貿易研究会」に結集していく。だが、債務繰延べにもかかわらず、その後も北朝鮮は代金の支払いに応じることができず、三年後、第二次債務繰延べが日朝間で合意されることになった。

内容は一九八九（平成元）年までの一〇年間に分割で返済するというものだったが、一九七九（昭和五十四）年に第二次オイルショックが起きたこともあって北朝鮮は約束を実行できず、一九八三（昭和五十八）年には三度目の支払い延期を要請。これに加えて同年十月、ビルマ（現ミャンマー）で発生した全斗煥《チョンドゥファン》大統領らを対象とした韓国要人テロ（ラングーン事件）に対して日本政府が制裁を科したことに反発した北が、返済を拒否するという事態になった。返済は制裁が解除された後もなされておらず、今もそのままである。

代金未払いについては、業界からの要請もあり、八六年、日本の通産省（当時）は日本企業に輸出貿易保険を適用することで、この問題にとりあえずカタをつけた。

北朝鮮が対日貿易で未払いのまま残した金額は、積もりに積もって、すでに元金と利子で合計二〇〇〇億円を上回るという（北朝鮮経済専門家）。また日本以外の欧州の債務銀行団（約一四〇行）も、一九八七年三月、北朝鮮に対してデフォルト（破産）宣言を通告する直前に、一部債務繰延べで合意はしたが、返済には至っていない。

総連系の愛国企業も喰い物にされた

こうした債権は未払いのまま、一九八四年、北朝鮮は改革開放政策に向かう中国の鄧小平《とうしょうへい》からのアドバイスもあり、対外開放政策のための「合営法」を制定した。だが、すでに国際社会から禁治産者扱いされてしまった北朝鮮を相手にするところはない。

これを憂慮した中国サイドの強い働きかけで、金日成と会見すべく日本の経済界の要人が事態の打開に動いた。中国サイドというのは、日本との正常化交渉を担当した「中日友好協会」という団体で、日本の経済人とは、親中国派財界人だった関西の南海電鉄の川勝《かわかつ》傳《でん》会長と、全日空の岡崎嘉平太《おかざきかへいた》顧問であったが、岡崎氏は訪朝直前に亡くなっている。川勝訪朝も、実りはなかった。

不誠実な対応に終始する北朝鮮への不信と警戒感は日本の財界に蔓延《まんえん》しており、韓国政府からの強い要請と圧力も加わって、北朝鮮に投資しようという企業は、もはや総連系の商工会関係者以外にはなかった。俳優の故米倉斉加年《よねくらまさかね》さんの「ジャン」のテレビコマーシャルで有名になったモランボン（さくらコマース）は、東京都下・府中《ふちゆう》の在日企業として知られているが、北朝鮮に進出し、現地で合弁事業を展開したものの、北朝鮮側にさんざん喰い物にされて、失敗に追い込まれている。

これ以後は、総連系の愛国企業家の祖国投資すら、姿を消してしまった。

「毒針」が仕込まれた中国の援助

現在、北朝鮮の対外貿易の相手国は、一位が中国、次が韓国、そしてロシアという順番である。なかでも中国の存在は圧倒的で、北朝鮮貿易の70％を占め、国内に流通している商品の70～80％が中国製である。中国から北朝鮮への輸出は、この一〇年で六倍と急増している。事実上中国の経済植民地に変わっているといっても過言ではないのだ。

中国は北朝鮮投資にも意欲的で、こうしたチャイナマネーが、瀕死《ひんし》の北朝鮮に救命具を投げ与えているかっこうだが、それは北朝鮮にとっていいことばかりではない。こうした経済の一方的な依存関係は、政治にも大きな影響を与えている。

二〇一三（平成二十五）年十二月に突如粛清された実力者、張成沢《チャンソンテク》は、中国共産党の援助を媒介にした労働党内部における「トロイの木馬」、つまり中国共産党の買弁者《ばいべんしゃ》として排除されたのである。張は、後継者となって二年の若い金正恩《キムジョンウン》第一書記の権力継承と唯一思想体系作業に対する最大の反対派・造反者だった。その張の政治的スタンスを理解し支持していたのは、習近平《しゅうきんぺい》ら中国共産党首脳だった。

第2章で詳しく述べるが、張は肉体的に抹殺されたが、彼が労働党内、軍内に授けた反乱の「種子」は、今も党と軍に息づいている。

北京《ペキン》からの援助と、政治的内政干渉。この連鎖は中国の援助が続く限り、半永久的に終わることはない。これが、いまや金正恩第一書記が率いる朝鮮労働党と中国共産党の基本的構図となっている。

北京の援助には毒針が仕込んである。若い金正恩がこう感じ、恐怖しないわけがない。これ以上中国に依存することは労働党の傀儡《かいらい》化につながりかねない。

張が処刑されたのが二〇一三年十二月。この前後から北朝鮮の対日アプローチが本格化していることは偶然ではない。

張成沢処刑のあと、二〇一四年に入るや否《いな》や、北朝鮮から日本の外務省に、横田《よこた》めぐみさんの両親と孫娘ウンギョンさんの面会の打診があり、二月には日本人遺骨収集返還に関する赤十字会談の提案も行なわれている。三月に入ると、横田夫妻がモンゴルで面会を実現。そうした対日関係改善のシグナルの後、五月のストックホルムでの日朝外務省局長級協議で、北朝鮮の拉致《らち》調査の再開発表と日本の一部制裁解除が続く。

この間、北朝鮮と中国との関係は冷えきったままだ。二〇一四年三月に訪朝した武大偉《ぶだいい》朝鮮半島問題特別代表が熱心に口説いたものの、北朝鮮は中国がホスト役を務める六者協議に復帰するとの言質すらも与えていない。

これを見ただけでも、対日アプローチの目的が、中国との関係の悪化と、日本からの「経済援助」の獲得にあることがわかる。

中国の毒針の入った援助と比べて、日本からの援助がどれほど北朝鮮にとって「おいしい」かを、次にレポートしていきたい。ここには日本の北朝鮮への支援だけでなく、北朝鮮リスクを感じて撤退した日本企業を、もう一度朝鮮半島に呼び戻そうとする北朝鮮と日本外務省の、苦心の共同作業が反映している。

(2)「日朝平壌宣言」の読み方

国交回復と同時に発生する義務

破綻国家、北朝鮮をまともに相手にする国などない中、唯一例外的に、これから膨大な援助を行なうと約束している国が日本である。日本がどのような経済援助を行なうのか。ほとんどの日本国民は、その実態を知らない。だが北朝鮮と国交が樹立されたなら、日本には経済支援を行なう義務が生じるという事実は覚えておかねばならない。

国民の本音とは裏腹に、日本の外務省は一貫して正常化に前向きである。

北朝鮮は、一九四五（昭和二十）年の敗戦以後、戦後日本が国交を樹立せぬまま最後に残した国であり、北朝鮮との和解がないかぎり、戦後は終わらないというのが、日本外務省の基本的な認識である。

次が日本人拉致問題の解決。これが北朝鮮との一番大きい課題である。横田めぐみさんたちを取り戻したいという願いは、全国民共通の悲願となっているからだ。

だが、戦後民主主義という太平の眠りの中にいた日本には、不当に誘拐された同胞を力ずくで奪還するという気概も想像力もない。誘拐犯に事実上、ひたすらお願いして身代金を払う以外に、取り戻す方法はないのである。この身代金が、国交樹立後の「経済支援」なのである。

二〇〇二（平成十四）年九月に両国間で交《か》わされた「日朝平壌宣言」には、援助の具体的内容に加えて、なぜ日本が援助を行なうのかという理由付けも明記されている。ここにも北朝鮮が大満足することが書いてあるのだ。支援の理由、援助の多様性、これがどれほど日本に罵詈雑言《ばりぞうごん》を浴びせても、北朝鮮が「日朝平壌宣言」を破棄しない理由なのである。

援助の前提におかれた「植民地支配」への謝罪

では、日朝平壌宣言の中身を、具体的に検討していこう。全文は巻末の218ページから216ページを参照してほしい。

まず前文にあるのが「両首脳（小泉《こいずみ》純一郎《じゅんいちろう》総理大臣・金正日《キムジョンイル》国防委員長）は、日朝間の不幸な過去を清算し、懸案事項を解決」すること、次に「日本側は、過去の植民地支配によって、朝鮮の人々に多大の損害と苦痛を与えたという歴史の事実を謙虚に受け止め、痛切な反省と心からのお詫びの気持ちを表明した」という文言である。

いわゆる「植民地支配への謝罪」が冒頭に出てくるのである。日本と朝鮮半島の関係は、一九一〇（明治四十三）年の日韓併合によって、日本の政治支配が始まる。それを単純に植民地支配と規定することには異論もあるはずだが、ここではそうした議論は顧慮されていない。これが外務省の基本的な認識なのである。

先走って書いておくと、こうした歴史認識が、将来の正常化の際の共同声明に、あらためて書き込まれることは間違いない。そうした謝罪の表明として、次の経済支援が、事実上の「賠償金」に充《あ》てられることになる。

それが日朝平壌宣言にある「無償資金協力」「低金利の長期借款供与」、「国際機関を通じた人道主義的支援」という「経済協力」、さらに「民間経済活動を支援する見地から国際協力銀行等による融資、信用供与」である。

日本はアジア各国に対して有数の経済援助大国である。近年はＯＤＡ（政府開発援助）なども減少気味だと言われるが事実ではない。

たとえば朝日新聞などはこう書く。「日本のＯＤＡ額は89年に世界一になったが、97年度の約1兆2千億円をピークに削減が続き、近年はピーク時の半分になった」（〈ザ・コラム〉「還暦のＯＤＡ国益重視が映す余裕のなさ」柴田直治、二〇一四年十月四日付）。

これではＯＤＡが激減しているかのようにしか読めないが、正確とは言えない記事だ。ドルベースで計算すれば、総額は二二七億三二〇〇万ドル（二〇一三年）。一ドルを一〇九円で計算すると二兆ドルを軽く超えるし、むしろ増えているのである。さらに当初の一般会計予算に補正を加え、円借款の返済金を加えれば、日本は依然世界第二位の援助大国である。

柴田氏は意図的かどうか、これをカウントしていない。記事は予算増をもくろむ外務省の筋書きどおりに書かれている。外務省の狡知《こうち》にだまされてはならない。

「無償資金協力」と「低金利の長期借款供与」

まず「無償資金協力」と「低金利の長期借款供与」だが、これはいわゆるＯＤＡを指している。

簡単に日本のＯＤＡについて触れておくと、これには三種類の援助方式がある。

まず「無償資金協力」だが、これには「無償援助」と「技術支援」の二つが含まれていて、セットで「無償資金協力」を構成する。前者は医療や教育などの非ビジネス分野が対象であり、たとえば日本からの援助で病院を建設した場合、建物にかかる建設費用は無償援助を使い、建設後の医療機器や医療技術の提供などのソフト分野は技術援助で行なうのが普通だ。

無償資金協力は「贈与」、つまり相手国に返済義務はない。露骨に言えば、相手側のタダ取りである。先進国の援助グループである経済協力開発機構（ＯＥＣＤ）加盟三四カ国の場合は、圧倒的にこの無償援助が多い。

ＯＤＡには、これ以外に「低金利の長期借款供与」、つまり「円借款」があり、ＯＤＡの90％を占める。これは読んで字のごとく「円による貸付」だ。「借款」だから、相手国には返済義務が生じる。もらいっぱなしではなく、相手側の「自助努力を促す」という理念になるものだ。金利は最近では１％台かそれ以下、期間は三〇年が普通で、一〇年間は返済が猶予されている。この種の援助では、日本はトップクラスである。

さらに重要なことは、日本の円借款は他国が熱心でない道路、鉄道、空港、港湾、通信などの経済インフラを援助の対象案件にできることだ。今の北朝鮮に最も欠けているのが、この産業基盤の整備であることは、言うまでもない。

まだある。日本の円借款の特徴は、世界でも例のないほど異例な方式を採用している。それが「アンタイドローン」という援助スタイルなのである。

「アンタイド」とは「ヒモが付いていない」という意味である。普通援助は、援助する国がそれと引き換えに被援助国のプロジェクトに自国の企業を参入させる。これが「ヒモ付き援助」と言われているもので、「タイドローン」ともいう。世界を見渡せばこれが通常の援助方式なのだが、日本の場合はそうではなく、日本からの借款だろうが、どの国の業者に仕事を割り振るのかは、相手国が決めることができるのである。

北朝鮮でいえば、日本からの経済支援について、金正恩が事業の決定権を握る。そうなれば仕事欲しさに内外の企業が賄賂《わいろ》攻勢をかけるのは、目に見えている。なぜ日本だけがこうなのか。

その一因は、諸外国からの圧力である。中国向けODAを始めるにあたって、円借款を「タイドローン」ではなく、「アンタイドローン」にしろと強要してきたのは米国である。

大平正芳《おおひらまさよし》総理が日本から中国に円借款を供与することを明らかにしたのが一九七九(昭和五十四)年十二月だが、その二カ月前、ワシントンで「日米事務レベル経済協力担当者会議」が開かれている。日本側出席者は外務省、通産省の関係者、米国側は国務省、財務省、商務省、それにエネルギー庁のトップが顔をそろえた。

この場で米国側が日本に突き付けてきたのが、日本からの中国向け借款はすべて「アンタイドローン」にすること、しかもそれを中国との取り決め文書に明記せよという強硬な内容だったのだ。米国は、中国への援助を利用して日本企業が中国市場を独占化するのではないかと懸念した。最後にエネルギー庁の担当者はこう警告したという。

「日本政府がそうしない場合、米国内の不満は高まり、日米間で新たな経済問題の火種になりかねない」

日本と米国の間では、当時、日米繊維交渉が長い交渉の末に妥結したばかりで、大平政権としてもこれ以上米国とトラブルを起こしたくはなかった。そうした政治的妥協の産物として、中国向け円借款が、日本からのヒモ付きでない形になってしまったのである。

第一次大戦前、中国市場の参入に乗り遅れた米国は、門戸開放宣言で欧米各国や日本に対して、中国における一方的な優位を認めないとした。一九七九年にスタートした日本の中国向け援助もまた、新「門戸開放宣言」を誘発したのだった。

米国政府が期待したように、アンタイドローンという日本のＯＤＡは米国ビッグビジネスの対中投資の呼び水に活用された。一九九〇年の対中ODAで日本から中国政府に貸し付けられた海南島《かいなんとう》開発資金のうち、通信近代化プロジェクトを日本のNTTからもぎ取ったのは、当時世界最大の米国通信会社、AT&Tだったのである。諸外国の例にならった通常の援助なら、無条件にNTTが受注できた案件だった。

このアンタイドローンが、北朝鮮向け援助にも適用されるのである。仮に日本と北朝鮮が国交を樹立した際も、関係国はさまざまな形で日本に圧力をかけてくるはずだ。米国も、ロシアも、韓国も中国も、返済確実な日本のODAにたかろうとしているからだ。なかでも中国は東北地方から北朝鮮をつなぐ高速鉄道を建設するために、この事業を自国の会社に受注させようと虎視眈々《こしたんたん》と狙っている。

日本のODAは、日本国民が汗水たらして納めた税金であっても、日本だけのものではない。それは一種の国際共有財とされてしまった。外務省もそれを受け入れ、国際協力機構(JICA)など援助機関もこれに異を唱えない。

円借款の供与方式が変わらないかぎり、日本人は同胞を拉致した北朝鮮という国に、ジャパンマネーを自由に使えるキャッシュカードを渡すことになるのである。

「国際機関を通じた人道主義的支援」

次に「宣言」に登場するのが「国際機関を通じた人道主義的支援」である。これは具体的には、世界銀行とアジア開発銀行（ＡＤＢ）など国際的金融機関からの援助を指している。いずれも、日本が深くかかわる国際援助機関だ。

世界銀行は、その中でも最大規模を誇り、一八八カ国が加盟している。一九四六（昭和二十一）年に米国が主導して誕生した経緯に明らかなように、最大の出資国は一貫して米国で、歴代の総裁も、米国政府財務省の息のかかった人物が就任している（現総裁は韓国系米国人のジム・ヨン・キム氏）。日本は米国に次ぐ二番目の出資国で、ここでは日米の協力関係が運営の中心軸になっている。

これに対してアジア開発銀行は、一九六六（昭和四十一）年に発足。こちらは日本の財務省がイニシアティブをとっており、日本の出資割合は最大である。加盟は四八カ国だ。つまり世界銀行もアジア開発銀行も、日本政府の強い影響下にある国際金融支援組織なのである。

北朝鮮はこれまで、世界銀行にもアジア開発銀行にも加盟していない。核問題がネックで、米国や日本が加盟を認めていないからだ。それが、日朝平壌宣言では「国際機関を通じた人道主義的支援」と明記されている。このことは日朝両国の正常化と両行への加盟承認は、セットで考えられていることを意味する。加盟国でないと、援助は受けられない。

「民間経済活動を支援する見地から国際協力銀行等による融資、信用供与」

援助項目の最後が「民間経済活動を支援する見地から国際協力銀行等による融資、信用供与」である。こうした記述を読んでも、普通の国民にはなんのことかわからないだろう。だから、「密約」なのである。特に、この一文は、意味深長な内容を含んでいる。というのも、この「国際協力銀行等による融資、信用供与」とは、日本政府が日本企業の北朝鮮投資をバックアップしますという誓約だからである。

つまり、日本政府は金正日（当時）に対して、政府間の公的支援であるODAだけではなく、我が国の企業が北朝鮮に投資・進出する際に、さまざまな形で便宜を図ることを、裏書し保証しているのである。

「国際協力銀行等による融資、信用供与」にある「融資」とは、具体的には「海外投融資」という制度を指している。これは、カントリーリスクの高い外国に日本企業が投資する場合、政府から一定の金額の貸付を実行するという制度である。こうすることで進出企業は一定のリスクを回避できる。

ただ、二〇〇二年の「宣言」に「国際協力銀行等による」とあるのは、注意を要する。というのは、以前はODAのうち、国際協力機構（JICA）が無償援助と技術支援を、国際協力銀行が円借款をそれぞれ分担していた。だが、その後の機構改革で、現在ではODAなどこの種の公的支援は、円借款を含め、国際協力銀行ではなく、独立行政法人である国際協力機構が一元的に担当することになっている。そのため、二〇一四年現在では、この部分は国際協力銀行ではなく、国際協力機構と読み替えてほしい。

私がこの海外投融資について知ったのは、六本木ヒルズで知られる森《もり》ビルが、上海《シャンハイ》に世界一の高さの高層ビル「上海環球金融中心」（四九二メートル）を建設する際のエピソードからだ。この工事には、中国首脳から建設を依頼された竹下登《たけしたのぼる》総理（当時）が旧知の森稔《みのる》会長に投資を要請、その際リスクヘッジとして五〇億円の海外投融資資金を大蔵省（当時）を通じて国際協力銀行から出させたという経緯があった。当時の上海はまだまだ繁栄には程遠く、投融資の条件に合致する経済レベルだったのである。

この海外投融資制度が宣言に明記されたのは、そうしない限り、北朝鮮と取引をしようなどという日本企業が現われてこないからだ。

すでに触れたように、一九七〇年から八〇年代にかけて、日本を含め北朝鮮ビジネスを行なっていた各国の商社やメーカーは、輸出したプラントの代金支払いを反故《ほご》にされ、日本の場合、最終的に通産省の貿易保険で救われたという経緯がある。苦い記憶である。

あるメーカーの海外担当者は「北朝鮮と商売をしようという会社がいるわけがない。下手をすれば株主に訴えられる可能性もある」と胸の内を打ち明ける。だが北朝鮮のリスクを日本政府がヘッジしてくれるのなら、とたんに話は違ってくる。

ある総合商社首脳は「中国とロシアの沿海州開発は、長期的なプロジェクトであり、ビジネスチャンスも大きい。そのファーストステップとして北朝鮮のインフラ整備は欠かせない」と語る。

「北朝鮮に日本のODAが入り、さらに海外投融資制度が適用されるとなると、日本政府の保証があるわけだからリスクは相当軽減する」

だが「融資」だけではない。日本政府からのバックアップは、まだあるのだ。それが「(国際協力銀行等による)信用供与」なのである。これはおそらく「商品借款」のことだろう。

これは「外貨事情が悪化し、経済的困難に直面している発展途上国」を対象にする支援のひとつであり、「こうした国々が緊急に必要な物資の輸入の決済に資金を供与」し、「借入国の経済安定化」を目的にしたものである。

具体的には北朝鮮が商品、工業資本財、原材料、肥料、農機具などを日本から輸入する際のリスクを軽減させるものだ。過去北朝鮮は、日本や欧州から輸入したプラントの支払いができなかった。これでは怖くて海外の企業はやってこない。だからそんなことがないように、北朝鮮が資金ショートに直面した場合は、一九七〇年代のようにならないよう、日本が代金を貸しましょうというのが「商品借款」なのである。

北朝鮮が前回のように返済が困難になり、海外の企業に対する支払いができなくなった場合は、この「商品借款」を提供する用意があるというのが「宣言」の趣旨なのだ。

日本政府は、この商品借款を中国に提供した過去がある。一九七六（昭和五十一）年毛《もう》沢東《たくとう》が死去し、文革四人組が逮捕された直後、誕生したばかりの華国鋒《かこくほう》政権は、経済の実績を上げようとして日本に大量のプラントを発注したものの、ただちに資金ショートに直面、事態は外交問題に発展するに至った。プラント発注企業である日本の新日鐵、神戸製鋼、三菱重工業などトップ企業は、当時の大平正芳総理に泣きつき、その結果、中国に日本の公的資金を貸し付け、その金で日本側に代金を払うという形で事態を処理したのである。

その貸付金が、中国向けODAのうち、一九七九年から八四年まで継続された「商品借款」なのである。これは八二、八三、八四年の三年にわたって供与され、総額で一三〇〇億円、この時期は第一次のODA供与の期間（五ヵ年）だったが、そのうち円借款の総額は三〇五五億円。実に商品借款が全体の42％と、半分近くを占める。日本企業は中国からではなく、日本国民の税金で救済されたのだった。関心のある方は、外務省のHPの「ODA」を見れば、よくわかるはずだ。

その中国はいまや世界第二位の経済大国に成長した。外貨準備高も四兆ドルと世界一。だがその中国にして、三〇年前はこうだったのだ。

日朝平壌宣言に書かれている「信用供与」には、中国向けODAという先例があった。この項目が加えられているということは、返済が中断したままふくれ上がった対日未払いのプラント代金を、この商品借款で一括返済するという密約があると思われる。

「リスクは日本が丸抱《がか》えで面倒見ます」という外交宣言

宣言に書かれている援助を解読すれば、なにからなにまで至れり尽くせりの支援メニューであることがわかる。世界一条件のいい円借款に返済不要の無償援助、加えて世界銀行、アジア開発銀行からの融資、それればかりか北朝鮮ビジネスに腰の引けている日本企業の尻を叩くように、北朝鮮に投資するのなら公的支援もします（海外投融資）、北がまた輸入代金の支払いに困るようなことがあれば、日本政府が北にカネは貸します（商品借款）とも約束されていたのである。こんな話は誰も聞いてはいない。

「コリアリスクは日本が丸抱えで面倒見ます」。こういう外交宣言だからである。

こうした内容を北側の「ミスターX」と詳細に詰めたのは、田中均《たなかひとし》外務省アジア大洋州局長（当時）である。彼は拉致された日本人の救出よりも、国交樹立の方に関心があったということがわかる。

田中氏ばかりではない。二〇〇二年の日朝首脳会談のための水面下の交渉は、前年の晩秋から始まっている。その時点で日本側の担当者は、槙田邦彦《まきたくにひこ》アジア大洋州局長だった。北朝鮮側のミスターXとの交渉は、槙田、田中の両氏が中心となって行なわれたのである。

では、この槇田氏とはどういう人物なのか。

「拉致されたたった一〇人のことで日朝正常化が止まっていいのか」

彼の有名な発言である。「拉致よりも正常化」が槇田氏の一貫した信念である。河野洋平《こうのようへい》外相〈当時〉と打ち合わせ、国民の血税で北朝鮮にコメ支援を行なったのも彼である。槇田氏は外務省チャイナスクールの代表的人物で、李登輝《りとうき》台湾総統の来日を首相の意向に反してまで阻もうとし、国会議員から追及を受けたこともある。小泉首相の靖国神社参拝に最後まで反対したのも彼である。

田中氏のみならず、彼の前担当者である槇田氏もこうした姿勢のまま北朝鮮と交渉し、外務省の意志として日朝平壌宣言をまとめたのである。

そこで確認されているのが「日本の植民地支配への反省」である。その上に立って「日本の経済支援」が約束されているという関係性にあるのだ。

「日本側は、過去の植民地支配によって、朝鮮の人々に多大な損害と苦痛を与えたという歴史の事実を謙虚に受け止め、痛切な反省と心からのお詫びの気持ちを表明した」

これが日本の援助実行の根拠になってしまったのである。

問題はまだある。援助の期間があきらかにされていないことだ。「双方が適切と考える期間」とだけしか記載がないのだ。そうなると、援助継続が「適切である」と「双方が考えれ」ば、いくらでも期間は延長されうるのである。

逆に、拉致については抽象的に「日本国民の生命と安全にかかわる懸案問題」としか扱われていない。拉致という言葉すらないのだ。

そればかりか、そうした「懸案問題」が起こったのは「日朝が不正常な関係にある中で生じた」との金正日の居直りを許してもいる。拉致は国交がないから起こったわけではない。国家関係のある多くの国からも拉致被害者は続出している。

さらには「在日朝鮮人の地位に関する問題及び文化財の問題」についても、正常化交渉において「誠実に協議すること」が約束されている。

最後に槇田氏の現在を紹介しておく。総合商社丸紅の顧問が彼の新しい肩書だ。同社は対中ビジネスではトップ5の一角を占めており、仮に日朝正常化となれば、経済支援がビジネスチャンスにつながるはずだ。

彼は四年前、フジタの日本人社員が中国で逮捕された際にこう語っている。「天安門事件当時、中国は世界から非難された。早々と撤退した日本企業と残った企業があるが、中国は残った企業を大事にした」と。

やがて彼が画策した日朝正常化と経済支援が始めれば、彼は次は北朝鮮に対しても同じことを言うだろう。「早々と撤退した日本企業と残った日本企業のうち、北は残った企業を大事にする」と。彼を見ていると、土下座は蜜の味、こう思わずにはいられない。

北朝鮮支援は歴史的に考えれば、戦後最後の賠償ビジネスでもある。かつてのインドネシアや韓国への賠償経済協力が、日本企業のその国々への投資を促したように、ジャパンマネーで新しいマーケットを作り上げたいというのが各企業の狙いでもあるのだが、これまでの賠償供与との違いは、この経済支援に、韓国や中国など日本以外の各国が絶好のビジネスチャンスととらえて参入を狙っていることである。日本のヒモなし援助は、オイシイのである。

日本からの援助総額は、いくらになるのか

では日本が北朝鮮との国交を樹立した場合、はたしてどのくらいの経済支援を求められるのだろうか。

日本と北朝鮮の間に結ばれる合意は、一九六五（昭和四十）年に韓国との国交正常化を果たした際の日韓基本条約が参考になる。戦前の日本は朝鮮半島全体を影響下においてお

り、南と北の扱いが違うという理屈は成り立たないからだ。

日韓正常化の際、日本と韓国（朝鮮南部）との関係は一九一〇年の日韓併合から始まったことから、いわゆる「侵略」と「植民地」という欧米諸国と旧植民地の関係ではないことが明白だった。そこで最終的に「賠償金」ではなく「経済支援」という形式で、韓国を財政支援することになったのである。事実「植民地支配」という言葉は「日韓基本条約」にはない。

一九六五年六月に締結された条約の内容は、無償援助三億ドル、有償援助二億ドル、プラス民間融資三億ドルという大きな金額だった。六五年当時の為替レートは一ドル＝三六〇円。日本円にして二八八〇億円だ。当時の日本の外貨準備高は一八億ドル、韓国の国家予算は三・五億ドルであったことを考えれば、政府と民間を合わせて八億ドルという数字は、決して少ないものではない。

一方、北朝鮮との国交正常化交渉は、一九九〇年の金丸信《かねまるしん》自民党幹事長と田邊誠《たなべまこと》日本社会党委員長の北朝鮮訪問で締結された「自民・社会・朝鮮労働党三党合意」を踏まえてスタートした。経済危機に直面していた北朝鮮は、訪朝団に対して、正常化前に「賠償金」を払うように執拗《しつよう》に迫っていた。

のちの日本との正常化交渉の中で北朝鮮は、金日成の抗日パルチザン闘争を例に挙げ、「日本とは交戦状態にあった」などと荒唐無稽《こうとうむけい》な持論を展開していたが、日本の外務省に一蹴《いっしゅう》され、事実上撤回に追い込まれている。

とはいえ、朝鮮半島の政権の正統性を自認する北朝鮮が、日韓正常化の際の合意、政府から五億ドル、民間から三億ドルと同程度か、さらに上乗せした要求をしてきたのは、経済的逼迫《ひっぱく》に加え、「民族的自尊心」と、南に負けるわけにはいかないという政治的面子《メンツ》もあった。

日朝関係は日韓関係を踏襲し、外交的に処理する。これが外務省の基本的なスタンスだったが、その後拉致問題などがきっかけとなり、両国外務省の協議は中断。二〇〇二年の小泉総理の北朝鮮訪問で、再度この問題が、話し合いのテーブルに乗せられることとなった。

日本が朝鮮半島に遺した資産の総額とは

日本の北朝鮮経済支援の総額について、外務省は一切あきらかにはしていない。日朝平壌宣言の中にも、金額は明記されていない。もちろん、これは外務省同士の間で今後詰める話であり、最終的に国交樹立の段階である程度の輪郭がわかってくるはずだ。

ただし、ここには日本が北朝鮮に残してきた資産は含まれていない。

日本が朝鮮半島に残してきた資産について、産経新聞に掲載された「財産請求権行使なら北の支払い超過『経済協力』転換の要因か」（二〇〇二〔平成十四〕年九月十三日付）という記事がある。この記事の要点をまとめてみると、次のようになる。

一九四五年八月十五日時点で、日本が朝鮮半島に残した総資産額は、連合国総司令部（GHQ）の試算では、八九一億二〇〇〇万円に上る。この数字を総合卸売物価指数（一九〇）をもとに、現在の価格に換算すると一六兆九三〇〇億円に相当する。ただしこの数字は、南北朝鮮を合計したもので、北朝鮮に残した資産に限ると、次のようになる。

水豊《スプン》ダムなどのインフラが当時の価格で四四五億七〇〇〇万円、軍関連資産が一六億五〇〇〇万円。この非軍事分野と軍事分野の両方で四六二億二〇〇〇万円。総合卸売物価指数の一九〇を掛けると、現在の金額で八兆七八〇〇億円となる。

ちなみに参考資料として挙げると、韓国政府が一九四九年、米国国務省に「対日賠償要求調書」を提出しているが、このときの要求総額は三一四億円（一ドル＝一五円）で、現在の価格に換算すると、五兆九六〇〇億円（これは北朝鮮も一部含めた数字）であった。

とすると、日本が半島に残した資産の方が圧倒的に多いということになる。

ここに挙げた数字は、日本ではなく米国政府の試算なのである。

サンフランシスコ講和条約に基づく北朝鮮の国際法上の請求額は、これをさらに下回り、「日本との差額は五兆から六兆円になると推定される」（政府関係者）。

さて、話を戻すと日本政府の姿勢はあくまで南北等距離が基本であり、北朝鮮との間でも、一九六五年の日韓基本条約の際の経済支援金額がベースになる。そこで同程度の経済支援をするとすれば、経済協力費は三〇〇〇億円程度ということになる。

ただ、日韓基本条約から五〇年の歳月が経過しているということ、さらに一九九〇年の金丸訪朝の際、「日本の植民地支配への反省」が三党合意文書に盛られていること（これは日韓基本条約には書かれていない）などから、または北朝鮮に拉致された日本人を取り返すという目的などを勘案すると、ほぼ三倍の一兆円前後という数字が噂《うわさ》されているのである。

人口一四億の中国に対する日本のＯＤＡが三兆五〇〇〇億円であったことを考えれば、人口が中国の五十分の一か六十分の一の二四〇〇万人に過ぎない北朝鮮への一兆円という数字は、相当な額といえよう。

一兆円説には、いくつかの根拠がある。まず繰り返し述べているように、韓国に与えた経済支援の額からの類推が第一である。

北朝鮮政権内部のインサイダーの証言もある。張真晟《チャンジンソン》という人物がいる。二〇〇四年に脱北した労働党統一戦線部の工作員で、詩人として金正日委員長に接見が許された人物である。彼の著書『金王朝「御用詩人」の告白』（邦訳・文藝春秋）に、小泉訪朝前後の労働党内の動向が紹介されている。それによれば、賠償金として四〇〇億ドル（四兆円）を要求してきた北朝鮮に対し、日本側は戦後から現在まで日本が北朝鮮に残してきた発電所、製鉄所、鉄道などを無断使用してきた費用の支払いを要求して応酬したという。現金支払いについても、核開発に利用される恐れがあり、米国の介入を招くとして、日本側が拒否したとも伝え、「最終的に両国は一一四億ドル規模の物的支援で暫定的な合意に至った」と結論づけられている。

当時の為替レートは一ドル＝一一〇円から一三〇円。これを当てはめると、一兆二〇〇〇億円から一兆五〇〇〇億円となり、前述の一兆円をすらオーバーすることになる。

北朝鮮は日本からの金を何に使うのか

北朝鮮は、このジャパンマネーを何に使おうと考えているのだろうか。

金正日委員長が日本からのマネーでまず行ないたかったのは「国内鉄道の複線化」であったと、先の張真晟《チャンジンソン》氏は証言している。

北朝鮮の鉄道は二十一世紀の現在でも、日本との併合時代のものをそのまま使っている。そのため、いまでも単線であり、複線にはなっていない。その結果、対向列車と交換するのに頻繁に駅に停車することにもなる。たとえば中朝国境の新義州《シンウィジュ》から首都平壌までの三〇〇キロ程度が、国際列車でも七時間かかる。また鉄道関連施設も、老朽化したまま手がつけられていない。

このことは、中国との関係においても、微妙に影響を与えている。鉄道は民生にとって不可欠なものだが、同時に軍が最優先に利用する交通インフラでもあるからだ。

中国政府は、中国遼寧省《りようねい》の省都である瀋陽《しんよう》から中朝国境の延辺《えんぺん》朝鮮族自治州を経由し、豆満江《とまんこう》を越えて北朝鮮国内に入り、三八度線を通過して韓国の釜山《プサン》に至る半島横断鉄道の構想を持っている。そのためには、鉄道の軌道が同一であることが前提となる。

だがそれは同時に、いったん有事となれば中国の解放軍がこの鉄道を使って大量の軍を送りこむことを可能にもする。北朝鮮が恐れるのはここである。

事実、こうした国境鉄道の持つ危険性から、中国と高速鉄道の一本化に反対している国がある。それがベトナムだ。かつては社会主義国として同志であった中国とベトナムは、一九七九（昭和五十四）年、ベトナムの国内華僑追放とカンボジア侵攻を契機に、戦争状態に突入した。その後、数十年の冷却期間をおいて、今では経済をベースに表面的には良好な関係に戻っているが、今また、南シナ海のスプラトリー諸島の領有をめぐって両国の関係がきな臭い状態に入りつつあるのは、ご存じのとおりである。

そうした歴史的経緯もあるベトナムは、いくら経済的相互依存関係があろうとも、国家の主権と安全保障という観点から、中国との鉄道協力に慎重な姿勢をくずさない。

「鉄道のレールの幅が同じになってしまえば、中国軍がそれに乗ってホーチミンまでやってくる」と。

鉄道の近代化のほかにも、日本側関係者に取材した関連メモを再現してみると、日本側と北朝鮮側で合意したと見られる支援プログラムは、次のようなものになりそうだ。

①　港湾の再整備

日本海側の元山《ウォンサン》、清津《チョンジン》という具体名が挙がっている。北朝鮮は日本海に面する東部の港を拡充することで、新潟など日本海貿易輸送ルートに使いたいという意向を持っている。中ロ国境の不凍港である羅津《ラジン》港については、すでに中国とロシアがそれぞれ、二〇年と五〇年の使用権を手にしていると伝えられている。

羅津港には、すでに中国の延辺朝鮮族自治州の渾春《こんしゅん》から直接道路が完成している。またロシアの国境近くのハサン港からも鉄道が開通している。ロシアには羅津港を日本への石炭輸出の中継地にしたいとの思惑があり、将来的にはシベリア鉄道と連結して、朝鮮半島から欧州を結ぶ一大鉄道網の完成を目指している。これは日露戦争当時からの悲願なのだ。

さらには、西海岸では西海閘門《ソヘガンムン》という河口ダムを持つ南浦《ナムポ》港の再開発がある。ここは一九八六年に完成したのだが、今では大同江《テドン》の土砂が堆積し、港の機能がマヒしたままである。この閘門の総建設費用は四二億ドルで、旧ソ連からの借款が使われた。突貫工事のせいで、工事を担当した人民軍からは、相当数の死者が出ていると噂されている。

なおこの南浦港は、李恩恵《リウネ》と呼ばれた田口八重子《たぐちやえこ》さんや、鹿児島で拉致された増元《ますもと》るみ子《こ》さんと市川修一《いちかわしゅういち》さんが、工作船で連れてこられた場所である。元山や清津港も同様に、横田めぐみさんら日本人拉致被害者や特定失踪者たちが工作員たちと上陸した港である。

こうした港の整備を日本人の税金で行なうわけである。

②　平壌国際空港の拡張現代化工事

先ごろ改修が行なわれたが、国際空港というにははばかられるほど、小規模な空港である。首都の顔だけに、なんとかしたいというのも無理はない。

③　鉱山資源開発

最大の鉱山である中国との国境近くの茂山《ムサン》鉱山（咸鏡北道）、無煙炭の最大の埋蔵量を誇る龍登無煙炭鉱（平安北道《ピョンアンブクト》）、さらに金で知られる雲山《ウンザン》鉱山（平安北道）などが該当する。

龍登炭鉱は一九二〇年代に日本企業が開発した炭鉱であり、現在、中国の五鉱集団が開発にかかわっているという。雲山鉱山は八〇年代、日本の三井資本が朝鮮総連と一緒に採掘を行なったことがある。北朝鮮側のタカリと約束反故《ほご》のため、事業は頓挫《とんざ》している。

④　水豊ダムの修理・大型化

北朝鮮の問題は、食糧や医療問題だけではない。食糧は仮に北朝鮮有事の際でも、国際支援で対応できるが、最大のネックは長期的なエネルギー不足である。停電が日常茶飯で、進出した外国企業を悩ませる最大の要因が、これなのだ。

水豊ダムは北朝鮮最大の水力発電所であり、日本のゼネコンが戦前に建設したものであるが、これについては、また後に触れよう。

こうまとめてみると、電力、港湾、鉄道、それに空港整備。これが日本からのODA対象プロジェクトに考えられている。こうした状況は、もちろん現段階では、公《おおやけ》にされてはいない。同時に、これらがすべて支援の対象プロジェクトになるわけではない。また民間の投資として期待されているのは、水産加工（経済制裁一部解除後、初めて鳥取県の境《さかい》港《みなと》市長が訪朝した目的はこの情報収集）、煙草工場、研磨、観光ホテル合弁などである。

なぜ一兆円ではすまないと予想されるのか

一兆円超といわれる日本からの経済支援だが、実際にはこの枠《わく》では収まらず、増える可能性が高いと推測されている。その理由はこうである。

北朝鮮という国は、民間からの貿易代金を支払うことのできない破綻国家であるばかりか、これまでソ連や中国という社会主義の大国から手にしていた借款もまともに期限どおり返済したことがないという歴史的事実がある。

それとも関連するのが、北朝鮮には信頼に足る経済統計が存在していないことである。これは昨日今日の話ではない。それどころか近年の経済崩壊以後、まともな経済データがあきらかにされることはないのである。そもそも二四〇〇万と言われている人口についても、どこまで正確なものかわからない。

というのは、九〇年代後半の「苦難の行軍」という飢餓期に少なくとも二二万、最大で三五〇〇万人が餓死したという報道があり、これに加えて出生率も三割減ったといわれているからだ。国連などの数少ない統計も、当局の協力で実施されたものであり、これを鵜呑《うの》みにする専門家はほとんどいない。

また北朝鮮には貿易相手国の輸出入統計もない。そのため北朝鮮研究者は、北の相手国の発表する数字を参考にして、北の貿易の実数をはじき出すことを余儀なくされている。

貿易ばかりではない。電力、石炭、鉄鋼から水道の普及率、子供の平均身長まで当局発表のデータは不正確であり、まともに開示すらしていない。

成長率も同様で、前年、数年前との比率は出てくるのだが、肝心の基準年度のGDPの総額が明示されておらず、まったく信頼性がない。食糧生産高も当てにならない。実数は報道されていない。マスコミが流しているのは、韓国や国際機関などの第三者が推測した数字にすぎない。

食糧危機と、北朝鮮当局は盛んに繰り返すが、実態は闇の中である。数少ないデータも水増しされている可能性が高い。高い数字をでっち上げることで責任を回避する、あるいは出世につなげたい役人の保身と見栄が理由である。

具体例を挙げると、何度も紹介してきた一九七〇年代に発生した日本から輸入したプラント代金の未払い問題も、最高指導者の金日成主席の耳に入ったのは、日本から来た自民党の宇都宮徳馬《うつのみやとくま》議員を通じてであった。それまで労働党の幹部たちは、これほどの重大事を誰もトップに伝えていなかったのである。理由はいうまでもないが、担当者の政治責任を問われるからである。

こうした超無責任システムは最高指導者に対する盲目的な服従が続く限り、是正されることはない。金正恩体制下においても、続くはずである。

中国でも五〇年代の毛沢東による大躍進政策当時、嘘の報告が蔓延し、その結果国民経済が崩壊寸前にまで追い込まれたことがあるが、正確な経済データなしには、いかなる長期的な経済計画も立てられない。

プロジェクトの概算すら当てにならないという実態

二〇〇二年の日朝首脳会談の前に、田中均氏と北朝鮮のミスターXの間で秘密裡に、具体的に何が話し合われたのかは依然不明である。安倍総理が言うには、外交記録の中に二枚分不明になっている箇所があるとのことだ。

これが正常化の際の経済支援金額と、その使い道であったことはほぼ間違いない。これが前向きのものでない限り、金正日が会談に応じるわけがないからだ。

だが、三十数回もの水面下の交渉の席で、北朝鮮側が自国の正確な経済事情を日本サイドに伝えたかどうか、私は伝えていないと思う。そう推測する理由は、田中氏を筆頭に外務省が拉致を適当に「解決」してでも北朝鮮との正常化を目指していたように、北は北で、とにかくカネを手に入れることが最優先で、援助のベースになる正確な経済事情を明かしたとは思えないからだ。

さらに重要なことは、繰り返すようだが北朝鮮の経済統計に関して、日本の外務省、経済産業省などの関係官庁ばかりか、国連や世界銀行、さらにアジア開発銀行といった国際的援助機関ですら、実際の数字を把握していないことである。あくまで数字は推測なのである。

経済支援一兆円は、具体的なプロジェクト予算の総和であるべきだが、今後プロジェクト現場に日本人関係者が入り、実際に現地を調査し、その実態を知った場合、想定した金額では収まりきらないということが、明らかになる。

となると、支援にどういう影響が出てくるのか。援助プログラムは相手国からの支援要請(日本はこの要請主義が基本)を受けて、開発コンサルタント企業が、ベースになる計画の詳細な見積もりを作成、これを日本側の国際協力銀行(JBIC)や国際協力機構(JICA)が審査・調査してゴーサインを出すという流れになっている。

大事なのは、何にいくらお金がかかるのかの正確な見積もりなのである。これでプロジェクトの概算が決まる。だが、その肝心の計算のベースになる経済統計が不備であり、しかも恣意《しい》的にゆがめられているとなると、実際に着手した段階で事業計画の修正は必至である。虚偽の数字が現実に優越することはない。現実に合わせていくしかないのである。こうして間違いなく予算は増えていく。

実際の経費を押し上げる賄賂《わいろ》と自然環境

北朝鮮社会の現実も直視しておくべきである。必ず賄賂が蔓延《まんえん》する。労働党や人民軍の幹部に対する袖《そで》の下《した》が必要となる。また工事現場で盗難も起こりうる。中国ODAでも、日本側を悩ませたのが盗難だった。たとえばドアのサッシ、便器、窓ガラスなどの盗難は日常的だったという。北朝鮮でも、資材がなくなり横流しされるという事態が起こりうる。

問題はこうした事件が起こった場合、援助金額に盗難品の再注文費用が上乗せされることがありうることだ。こうした事実を、外務省も援助機関も公《おおやけ》にはしない。ODAに対する国民的批判と縮小論が出ることを恐れるためである。

これだけでもタメ息が出てきそうだが、話はまだある。

北朝鮮の自然条件である。まず北は南に比べて山が多く、平地が少ないのが特徴だ。さらに自然環境は厳しく、特に冬の気温は氷点下が普通である。中国との国境地域は、氷点下一五度にもなる。豆満江《とまんこう》も凍る。

私も以前、秋の北朝鮮を訪れたことがあるが、三八度線の韓国側にある開城《ケソン》ですら、十一月にはもうオンドルがないと寒くて眠れないほどだ。北朝鮮にいる日本人妻の多くも、こうした厳しい自然条件に耐え切れず、早死にした方も少なくない。

こういう風土における鉄道やダムの整備などのインフラ工事には、平地以上のコストがかかる。建設技術関係者に確認すると「(平地の) 工事に比べれば、普通で三割増から二倍は必要」と説明する。また岩盤の多い土地でもあり、トンネル工事ひとつとっても、相当の難工事が予想される。北朝鮮と韓国では、このように気候・地理的条件が違うのである。

借金を返す必要はないと考える人たち

実は懸念材料は、これで終わらない。それは、日本の援助当事者たちの北朝鮮支援についての援助哲学である。

日本の対外援助、なかでも共産圏諸国へのそれには、明確な狙いがある。それは、援助を通じて市場経済に誘導するというもので、中国、ベトナムなどへのＯＤＡには、こうした本音がある。

だが中国向けＯＤＡがそうだったように、その実態は問題だらけである。中国側がＯＤＡを戦争賠償金であると公然と語っているように、日本への感謝や中国国内への広報はほとんどない。それればかりか軍事大国になった中国は、今や尖閣諸島への軍事的挑発まで始めている。賄賂については、ベトナムでも先日、日本の業者が贈収賄で東京地検に摘発されたばかりである。

だが、こうした現実を前にしても、外務省や御用言論人は「ＯＤＡは有益であった」としか語らない。「日本の援助で中国という市場が誕生したから」という理屈である。その市場の楽園で日本企業が焼き討ちに遭《あ》い、さまざまな嫌がらせに遭おうとも、である。居直りの強弁そのものである。ここには、ＯＤＡが軍事大国化をバックアップしたという反省はない。市場経済化こそが最優先なのだ。

そればかりか、彼らは「中国で成功した市場経済への転換」を理由に、北朝鮮支援を、北朝鮮の軍事優先主義から市場経済へのシフトの触媒にしようという。

その代表的な人物がアジア開発銀行の元研究所所長の河合正弘《かわいまさひろ》氏（東大名誉教授）である。彼は雑誌などのインタビューでも、援助は、北朝鮮の経済政策の転換が目的であると繰り返している。河合氏は二〇〇二年の日朝平壌宣言の直後、北朝鮮を訪問し、北側の担当者と経済支援の中身について意見を交換した人物である。

こうした開発哲学は、あまりにも単純な経済決定論である。中国や北朝鮮が、経済よりも国家の安全保障に重点を置く非民主主義国家であるという本質的な理解がないのだ。

そして最後に、最大のリスクが、実はあの国の体制のありようである。膨大な軍事費、インフラの老朽化、農業の崩壊、不要な非生産設備への投資、国民のやる気のなさ。それぱかりか、日本や西側に対する支払い中断中という事実。これらは皆、現実のこととして、あの国の中に存在する。

この点で頭に入れておきたいのは、建国の父・金日成主席の対外借款についての認識である。彼はすでに自国が海外から輸入したプラントなどの未払い問題が外交問題になっていることを踏まえて、こう居直っている。

「発展途上国の債務は全額棚上げすべきである」

借金を返す必要はない。このように言い切っているのである。その言葉どおり、金日成はソ連、中国など社会主義大国からの借款の多くを踏み倒してきた。日本企業からの返済にもシカトしたままである。いずれ正常化後の日本からの援助についても、同じことが起こりうる。日朝平壌宣言には、日本の植民地支配への謝罪が経済支援の根拠であると書かれている。ならば、金日成も金正日も、三代目の金正恩も同じように「債務は全額棚上げにすべき」と居直りかねないのだ。それは日本のODAが、誰がなんと言っても彼らにとっては「賠償金」だからである。北朝鮮も中国と同じように、もらって当然と考えている。

だが、それは北朝鮮だけに限ることではない。朴槿恵《パククネ》の韓国も、習近平の中国も、同根だ。韓国や中国は、日韓基本条約や日中共同声明で賠償問題にはピリオドが打たれたと合意しているにもかかわらず、いまでも延々とカネを出せと言い続けているのである。韓国は従軍慰安婦への補償を、中国は遺棄化学兵器処理のための補償を求めている。日本は「アジア女性基金」で慰安婦への「おわび」を繰り返し、中国の化学兵器の処理に、ODAとは別枠で予算をあてている。

北朝鮮も間違いなくそうなるであろう。「謝罪」と「償《つぐな》い」は、まだまだ終わることはないのである。

第2章　北朝鮮の政権内部で、起こっていること

——先軍政治の桎梏《しっこく》と、対中関係の真実

（1）張成沢《チャンソンテク》粛清事件の真相

中国の北朝鮮に対する姿勢の変化

張成沢《チャンソンテク》国防委員会副委員長は、二〇一三年十二月八日に開催された朝鮮労働党政治局拡大会議の場で解任され、党からも除名された。その四日後、特別軍事法廷で死刑判決を受け、即日処刑された。

世界中を驚かせたこの失脚・処刑劇は、いまださまざまな解釈がなされているが、背景にあったのは、中国共産党と朝鮮労働党の間に横たわる埋めがたい溝《みぞ》であり、水面下でエスカレートしていた対立である。

金正恩《キムジョンウン》労働党第一書記らは、中国との繋《つな》がりを背景にして、政権中枢で発言力を増す張成沢に対して警戒感を強め、一気に粛清を断行した。張は「中国共産党の手先」「クーデターを企《くわだ》てた」として断罪されたのである。事件の本質はここにある。

私はかねてより自分の発行するニューズレター紙で、次のように主張してきた。

第一に、北朝鮮と中国共産党の間には深刻な路線対立があり、「自主経済」の破綻《はたん》に瀕《ひん》している北朝鮮は、中国からの経済支援と引き換えに、金日成《キムイルソン》主席以来の極左的な政策の修正を求められていること。

第二に、労働党内部において近年、中国との援助や貿易分野に関与する政府高官の中に、急速に富裕化する階層が出現し、彼らは中国と利害を共にする政治集団となりつつあること、そのため、先軍政治路線を掲げる金正恩第一書記は、こうした勢力と対決せざるを得なくなるだろう。

というものであった。張成沢の粛清劇は、こうした予想がついに現実化したものといえる。

外部社会からは見えにくいものの、現在では朝鮮労働党の「敵」は中国共産党となっている。労働党政権を脅《おびや》かすのは、北朝鮮に対して宥和政策を続ける韓国でも、朝鮮半島に戦略的利益を持たない米国でも、拉致以外に格別の関心を持たない日本でもない。日米韓の三カ国は、北朝鮮に対してそれほどの関与を行なっていないため、彼らの生殺与奪《せいさつよだつ》の権利を握ってはいないのだ。

経済破綻の危機にあえぐ北朝鮮に対する最大の援助国は中国であり、彼らが北朝鮮国内に流通する商品の70〜80％を握っている。北朝鮮の命運は中国の手の中にある。その中国が近年、これまでの気前のいい支援の姿勢を変化させた。タダでカネは貸さないと言い始めたのである。

中国に対する北朝鮮の疑心暗鬼《ぎしんあんき》

中国共産党が頻繁に口にするキーワードに「和平演変《わへいえんぺん》」という言葉がある。六〇年代の中ソ論争の際に使われたキーワードで、武力を使わず、経済的浸透を通じて内部から共産党を変質させ、政策を変更させることを言う。近年では一九八九（平成元）年の中国の天安門事件直後、趙紫陽《ちょうしよう》総書記（事件当時）が外部勢力と結託して「和平演変を企てた」として、中国人民解放軍の槍玉《やりだま》に挙げられた。彼の「改革開放」政策が問題とされたのである。ポイントは軍事ではなく、「経済」を通じた政策変更という点にある。

また、「和平演変」が成功するかどうかのカギは、政権中枢に「外国資本と通じた」人物がいるかどうかにかかっている。

さまざまな臆測はあるものの、今回の張成沢失脚事件の背景に、中国がいたかどうかはわからない。だが中国が、張の進めていた「開放」経済と対外緊張緩和という内外政策を歓迎し、バックアップしていたことは間違いない。

金正恩第一書記や人民軍の首脳らは、そうした先軍政治政策の転換を求める中国首脳の思惑《おもわく》を知っていた。政権誕生からまだ二年。金正恩や人民軍首脳たちは、中国をバックに台頭する張成沢副委員長らの「策謀」を、中国発の「和平演変」ではないのかと疑った。

張と中国の関係は、彼の具体的「罪状」からうかがい知ることができる。その中に注目すべきポイントがある。

「石炭など貴重な資源を外国に安値で売り払った」

「羅先《ラソン》経済特区の使用権を、外国に五〇年期限で売却した」

「（金正日《キムジョンイル》時代の）国家機構を無視し、内閣機関を従属させ、外貨稼ぎを牛耳《ぎゅうじ》った」

これらはいずれも、張が最高ポジションとしてかかわったプロジェクトである。さらに張が、金正日前政権時代の法令について「修正すればいい」と発言したことも攻撃対象に上がっている。女性スキャンダルなどは本筋ではない。

乾ききった土壌に撒《ま》かれた水は、あっという間《ま》に地面に吸収されていく。流入する膨大なチャイナマネーは、崩壊寸前の北朝鮮をサバイバルさせた。

だがその一方で、中国との太い人脈を持つ張が、従来の政府機構にとって代わり、つまり金正恩の頭越しに、中国とのさまざまなビジネスに影響力を持ち始めたのである。

中国が北朝鮮に開放を求める理由

張成沢の権力の源泉は、長い行政キャリアに加え、中国首脳に太いパイプを持ち、中国からの大々的な投資案件に関して、決裁をしうる立場にあったことにある。

中国は北朝鮮に対して、援助や投資と引き換えに、外資を導入するために必要な米国や日本との緊張緩和政策、あるいは投資に不可欠な関連法整備を求めた。緊張緩和とは、具体的には核やミサイル実験を止めることであり、中国が主宰する六者協議に復帰せよというものだった。外部との緊張緩和が定着しない限り、外資系企業は、安心して入って来ることはないからだ。

また、そのための関連法の整備は、張と繋がる経済官僚が力を持ち、他方で、軍や党の既成の経済権利が侵食されるものだった。

中国は北朝鮮の開放を強く求めてきた。それは北朝鮮に進出する中国資本が、リスクをヘッジするために不可欠だからである。そうした中国の内政干渉は、すでに労働党の掲げる金日成・金正日らの遺訓政治踏襲を内部から変質させるものになりつつあったのだ。それが張処刑の理由だった。

張は機関銃で射殺され、遺体はさらに火炎放射器で焼かれたと言われる。これが事実なら、金正恩らの張に対する憎しみが、半端なものではなかったことを表わしている。だが、その裏にあるのは、巨大な隣国・中国への恐怖心である。

二〇一三年十二月八日、労働党政治局拡大会議の光景は、映像を通じて内外に公開され、そこには会議場から連行される張成沢の姿も映し出されていた。このようなことは前代未聞であり、これまで例がない。

四日後の十二月十二日。特別軍事法廷で張に死刑判決が下された。罪状は刑法六十条の「国家転覆陰謀行為」。判決を受けて即日、刑は執行された。

公開された内容が事実なら、除名から判決、さらには処刑までわずか四日。慌《あわ》ただしい処刑の理由は、おそらく、北朝鮮指導部が中国の干渉を恐れたためである。

繰り返しになるが、張は金日成主席の生存中から、労働党を代表して中国首脳と会見してきた超実力者である。

その張が「中国との経済上の繋がり」を理由に、解任・処刑されたのである。こうした事態を中国共産党が察知すれば、黙って見過ごすわけがない。労働党に対して、必ず事件の詳細な説明と死刑執行の中止、あるいは張の中国「亡命」を要請したはずである。

それだけに金正恩の決断は素早かった。中国側が口をはさんでくる前に、労働党の規約を踏まえ、会議も公開し、「民主的手続」を経て、反党分子を粛清したのだった。金日成や金正日なら、こんな手間ひまはかけない。三代目の権力基盤は脆弱《ぜいじやく》である。

北朝鮮が援助の代償に供出したもの

ここで、中国の北朝鮮政策について触れておきたい。

二〇〇五（平成十七）年六月、中国政府は全国に「三六号文献」を通達した。これは「東北工業老朽基地開発を促進し、対外開放をさらに拡大するための実施検討」と呼ばれるもので、黒竜江省《こくりゆうこう》、遼寧省《りようねい》、吉林省《きつりん》の東北三省の対外開放を加速させようというものだった。音頭をとったのは当時の温家宝《おんかほう》首相。そして彼の下で遼寧省開発の指揮を執ったのが、現在の首相・李克強《りこくきよう》である。

二〇〇九年、温首相は北朝鮮を訪問し、これを契機に、中国は環日本海開発戦略に大きくシフトしはじめた。東北三省の再開発にともない、これまでの北朝鮮政策も変更・修正され、北朝鮮開放に向けた政治的働きかけが、一層活発化するようになるのである。

中国が日本海進出ルートを確保するためにとった行動は、北朝鮮の港湾整備と鉄道改修を「援助」する代わりに、見返りとして、北朝鮮に資源の開発権を提供させることだった。温家宝は、北朝鮮の平壌《ピョンヤン》でこう発言している。

「今後の中朝両国関係は、ビジネス重視、コマーシャルベースで行ないたい」

今までのような返済なしの大盤振る舞いはしないしできないと、ここで中国首脳は明言したのである。

金正日はそれを受け入れた。そうしない限り、中国からの援助は期待できなかったからである。

北朝鮮が援助の代償に供出したのが、「虎の子」と位置付けていた「港」と「鉱山」、そして中国よりも安い北朝鮮の労働力だった。

まず「港」だが、吉林省には港がない。そのため中国は、吉林省の省都・長春《ちょうしゅん》から中朝国境を越え、国境近くにある北朝鮮の良港・羅津《ラジン》に物資を運び、そこからロシア、韓国、そして日本の新潟に向かう多面的な海上ルートの確立を構想した。大規模で現代的な港がない限り、対外貿易を行なうことは不可能だからである。中国は北朝鮮に、羅津港の借用を求めた。

だが羅津港は、北朝鮮の民族的自立のシンボルだった。中ソ対立時代、ソ連からの度重なる要請にもかかわらず、金日成主席は決して首を縦に振らなかった。植民地主義の色あいが濃かったからだ。だが、経済破綻の北朝鮮には、すでにこれを拒否するだけの余裕はなかった。

現在、中国は同港の二〇年間の使用権を手に入れ、港湾拡大工事に入っている。一方、北朝鮮にうま味は少ない。港を拡大しても輸出するものがないからだ。港の拡充という果実は、すべて中国の手に落ちる仕組みである。

鉱山では、茂山《ムサン》鉱山だ。中朝国境にあるこの鉱山は、戦前、日本の「茂山鉄鋼開発」(三菱鉱業、日本製鉄、日鉄鉱業の三社で共同設立)が採掘事情を行なっていたが、終戦で撤退した場所である。アジア最大の埋蔵量と言われる鉄鉱石が眠っている。

ここも金日成主席が生きていれば、中国が採掘権を手に入れることは決してできなかったはずだ。金日成は空前の独裁者だった。だが同時に、彼は朝鮮ナショナリズムの擁護者でもあった。茂山の山腹には「茂山は朝鮮の宝」という金主席の言葉が誇らしげに掲げられている。

かつて金日成は、北朝鮮を訪問した日本の政界関係者に、自身の口からこのような発言をしていたほどだ（一九七二年五月十四日、全国革新市長訪問団への談話）。

「日本には鉄鉱石がなくて、オーストラリアや南アフリカまで行って買ってくるそうですが、我が国には無尽蔵な鉄鉱石があります。ですから、我々はいくらでも我が国の豊富な鉄鉱石を日本に売ることができます」

彼の念頭にあったのが茂山鉱山だった。金日成は自らセールスマンとなり、日本に資源の輸出と、鉱山の開発まで呼びかけていたのである。

その虎の子の鉱山も、中国資本の手に落ちた。

北朝鮮を代表して、茂山開発プロジェクトの最高責任者となったのが、ここでも張成沢だった。さらに張は、中国と国境沿いに計画している黄金坪《ファングムビョン》経済特区や、羅先経済特区などの中朝共同の開発にもかかわっていた。

張が「罪状」の中で「（茂山の）資源を外国に安売りし」「羅津港開発で汚職をした」と糾弾されているが、いずれも相手は中国企業である。ここに注目してほしい。

チャイナマネーにたかる労働党幹部たち

中国東北開発のカギになる巨大プロジェクトに対して、北朝鮮国内に、中国から開発のための潤沢な資金が流れ込んでくるようになると、必然的に生じてくるのが賄賂の問題である。北朝鮮では、ビジネスに関する許認可や労働者の派遣、さらに石炭・石油の優先的配付などを受けるには、その都度《つど》、賄賂が必要だ。

張と彼に連なる経済官僚たちは、個人的にカネを懐《ふところ》にした。彼らばかりではない。中国とのビジネス・貿易にかかわる政府機関や職員もまた、チャイナマネーの恩恵にあずかっていたのである。張は、そうした新興富裕層のトップに君臨する。

つまり、中国の開放初期と同じような現象が、北朝鮮の労働党高官やその子弟たちの間でも見られるのである。外資を受け入れる窓口がリッチになってゆくのである。三〇年前の中国もこうだった。北でも遅ればせながら対中ビジネスを通じて、中国の買弁となりつつある勢力が誕生しているからである。朝鮮と中国の文化社会土壌は極めて類似しているのだ。

彼らは中国がそうであったように、中国との経済関係が深まる中で、急速に朝鮮版の「新しい赤い資本家」に変貌を遂げ始めている。

近年急速に富裕化しているのは中国との貿易に従事している機関や個人であり、中でも石油輸入部門にその傾向が著《いちじる》しい。それは中国の北朝鮮向け輸出品のうちトップが原油だからだ。彼らが現役の労働党員であり、人民軍の高官であることに留意してほしい。中国ビジネスとの関わりと仲介業務、そして中国企業から手に入るコミッション料。これなくして、いまや彼らの個人的な繁栄も存在しないのである。中国は彼らの生殺与奪の権を握り、その首に太い中国製のロープをまきつけている。

援助を餌《えさ》に中国の影響力を拡大するというやり口は、一九六〇〜七〇年代、友好国であったアルバニアでもベトナムでも、同じように行なわれていた。

二〇〇九（平成二十二）年十一月、金正日は突如、デノミ政策を実行した。一世帯あたり一〇万ウォンを超える資産を没収したのである。これは、対中ビジネスを通じて成長してきた新興富裕層に対する恫喝と牽制《けんせい》だった。

そもそも中国の経済政策は、西側のように、国家の市場介入を排除した自由経済の立場にたつ市場経済ではない。そうではなく、共産党が上から市場のイニシアティブをとる。つまり自由や民主主義的な価値観とは無縁な「国家資本主義」なのである。これはロシアも同様だ。

それゆえに、開放以来、中国は西側諸国からその民主主義なき経済政策を非難されつづけてきたのだが、ほかならぬその中国が米国に次いでＧＤＰで世界第二位の経済大国に躍《おど》り出たばかりか、いまや世界一の外貨準備を誇り、米国の国債の最大の購入国に成長を遂げたのである。

中国政府高官たちは「中国モデル」の成功を積極的に宣伝している。その結果、アフリカやラテンアメリカの独裁国家には、中国モデルのシンパが山ほどいる。それはそうだろう、やれ言論の自由がどうだとか、議会制度が必要だとか、そうした「西側の価値観」を中国は持ち込まない。それればかりか、西側の援助からはじかれた独裁国家にも、中国は自国の国益に役立つと思えば、大盤振る舞いの援助を実行してくれるのである。民主主義なき成長は、独裁政権の絶好のサンプルとなった。

話を戻す。張成沢に対する人民軍首脳の警戒感を決定的にする、ある事件があった。二〇一三年二月のミサイル発射実験がそれである。

実験には、米国、韓国、日本ばかりか、中国の習近平《しゅうきんぺい》主席も反対した。だが北朝鮮首脳陣も一枚岩ではなかった。張もまた反対していたからである。

これに対して北朝鮮の「労働新聞」は、次のような社説を掲載した。

「自主権は国家と民族の命だ。自主権を失った国家と民族は死んだも同然だ」

「大国がやっているようなことを小国がやってはならないというのは大国主義であり、我々はこうした支配主義的倫理を認めない」

「大国」が中国を指しているのは、言うまでもない。援助はされても、路線までは売らない。労働党は朝鮮ナショナリズムによって、中国の「支配主義」を牽制した。常に中国への配慮を忘れなかった張成沢との違いは明らかであった。

中国の思惑と苛立《いらだ》ち

中国は金正恩第一書記に、まったく満足していない。その理由は、
①金正恩は最大の支援国である中国の最高指導者（胡錦濤《こきんとう》・習近平）たちから直々の招待を受けているにもかかわらず、これまで一度も中国を訪問していない。祖父（金日成）は年二回、父（金正日）は年三回中国首脳と会って、意見交換を行なっていた。それればかりか二〇一二年秋、中国で習近平新総書記が選出されたのに、それでも金正恩は動こうとしていない。
②二〇一三年五月、張の政敵とされる崔竜海《チエリヨンヘ》・人民軍総政治局長が金正恩第一書記の

代理として訪中した。この場で、北朝鮮は六者協議に復帰すると約束したにもかかわらず、今も参加していない（二〇一四年十月現在）。

中国のメンツは、つぶされる一方だ。

北朝鮮は常に、援助と引き換えに六者協議に復帰することを中国に約束するが、実現したためしはない。六者協議のホストというポジションは、中国の数少ない対米外交カードでもある。そのメリットは大きい。米国は、中国による六者協議などの朝鮮半島における平和の努力に繰り返し感謝しているし、日本も二〇〇六年、第一次安倍《あべ》政権が中国と戦略的互恵関係を締結した際の理由として、拉致に関して中国の協力への期待を挙げていた。

中国は国際的に孤立していった北朝鮮を、自国の外交手駒として徹底的に利用したのである。だがこれは北朝鮮から見れば、明々白々な内政干渉である。

「勝手にオレたちを利用しやがって」というところだろう。朝鮮民族のプライドは高い。

北朝鮮はまた、中国が流す北朝鮮情報にも警戒している。スパイ衛星からの撮影などは米国の独壇場だが、中国の強みは、ヒューミント、つまり人間を通じた情報収集をすることにある。これは解放軍総参謀本部第二部に所属する駐在武官などが担当している。

こうして収集された北朝鮮情報が、米国や日本との関係で重要な外交カードに使われている。情報の分野でも、中国は常に味方ではない。

平壌の中国大使館は、二十四時間監視下にある。そのため中国大使は、大事な話はいったん北京《ペキン》に帰ってから行なっている。

非難しつつ依存する構図

とはいえ現実には、中国を非難しつつ、依存するという矛盾した構図とジレンマ。こうした綱渡りは、張の粛清の後もさらに続く。先軍政治路線を続ける限り、北朝鮮に国外からのマネーは入ってこない。その結果、さらに中国による支援と投資に従属せざるを得ない。当然、中国は今後も北朝鮮に対して、政策の変更を求める。この繰り返しなのである。矛盾は、水位を高めるばかりである。

張の粛清後、時をおかずして北朝鮮政府は、

①中朝国境の経済特区は継続
②池在竜《チジェリョン》中国大使は留任
③張が担当していた中国ビジネスは朴奉珠《パクホンジュ》首相が受け持つ

など、対中関係に悪影響が及ぶことを防ぐ処置をとっている。

チャイナマネーは、張の代わりに、これから金ファミリーと人民軍が独占することで一件落着させようというのである。

だが中国はクールである。金正恩を信頼していない。次は金第一書記体制の中枢、チャイナマネーの恩恵に浴する党と人民軍の中から「第二の張成沢」が出現する可能性がある。政権基盤の、不安要因は払拭できていない。

北朝鮮の未来に残された二つの道

張成沢の粛清劇で、中国の民間企業はすでに及び腰である。経済特区や茂山開発、さらに羅津港拡大計画などが批判の俎上《そじょう》にあげられたからだ。張系列の政府関係者の粛清、党員の忠誠心と思想点検も続いている。これでは、事業が順調に進むわけがない。

こうした北朝鮮国内の緊張は慢性的に高まり、経済は停滞する。そこでまた指導部内でサバイバルをかけた「政闘」が繰り返されるという悪循環。

労働党の直面している難題。それは中国に経済的に従属しつつ、政治的には自主独立を保つことが、はたして可能なのかという問いなのである。

こうした二律背反を、金日成主席なら何とかできた。金正日総書記もかろうじて乗り切ってきた。彼らにはそれだけのカリスマ性と、軍・情報機関から全面的なバックアップがあったからだ。

だが、政治的キャリアもない三十一歳の青年である金正恩が、この二律背反を解決できる得るとは到底思えない。この政権が長続きする可能性は低い。

一九六〇（昭和三十五）年、朝鮮戦争の後、韓国は政情不安と経済困窮のさなかにあった。このとき、韓国軍の一将校だった朴正熙《パクチョンヒ》は軍事クーデターに立ち上がり、政治は独裁、経済は開放という国家戦略で、祖国を先進国入りさせた。

北朝鮮の「朴正熙」には、軍を徹底して抑え込み、これまでの鎖国政策を大胆に転換し得る政治力が求められる。そういう人物が登場しない限り、拉致問題の全面解決はむつかしい。

中国が求めるのは、北朝鮮の安定だけである。

仮に北朝鮮で政変が勃発《ぼっぱつ》した場合、それが安定を期待し得るとみれば、中国は真っ先に外交的な承認に踏み切るはずだ。そうした中国の選択を米国も最後は追認する。金正恩フアミリーの亡命を中国は受け入れて、政変は終わる。

張の粛清。事件は一枚岩に見える労働党内部において、ついに公然たる反対勢力が登場したことを意味している。彼らの背後には中国がいた。

（2）先軍政治という桎梏《しっこく》

先軍政治とは何か

先軍政治体制とは、戦時共産主義体制のことである。

特徴は党でも政府でもなく、軍が内政・外交に絶対的な影響力を持っていることだ。北朝鮮は先軍政治を合法化し、憲法にも軍首脳で構成される「国防委員会」に最高の権限を付与している。

中国もかつてはそうだった。一九六六（昭和四十一）年に始まる文化大革命時代、中国は党内序列二位の林彪《りんぴょう》国防相（後に副主席）率いる人民解放軍と「偉大な領袖」毛沢東主席を両輪とする事実上の軍事管制体制にあったからだ。

劉少奇《りゅうしょうき》の握る党組織、周恩来《しゅうおんらい》の国務院（政府機構）は修正主義的として糾弾の対象となり、党と政府の組織機能は崩壊寸前にまで追い詰められた。その結果、一九六九年に開かれた第九回党大会では、出席した代表の半分が軍人という異様なものだった。軍の影響力は高まり、彼らの極左的な内外政策で中国は崩壊ぎりぎりにまで追い込まれていく。

だが鉄壁を誇った中国版「軍政」は、あっけなく崩壊する。まず、毛沢東が死去した。その前には林彪が失脚しており、解放軍には担ぐべきカリスマ的指導者はいなくなった。

いま、北朝鮮の先軍政治が直面しているのは、四〇年近く前の中国で起きていたこと、そのものなのである。外交的孤立、経済の崩壊による慢性的飢餓と、内外にわたり危機は重層的である。

なぜ、先軍政治から脱することができないのか

先軍政治がもたらしたのは、北朝鮮の深刻な禁治産国家体制だった。

もはや、このままでは立ち行かない。路線転換は緊要だが、それが成功するかどうか。ここが今後の最大のポイントだ。中国が成功したように、軍事体制から市場経済へと軟着陸できるのかどうか。

私は否定的である。理由は中国との決定的な違いにある。理由は、

（１）軍が絶対的パワーを握って離さない
（２）経済テクノクラートがいない
（３）外交的孤立脱却のシナリオが見えない

などである。さらに崩壊した経済状態と資金の欠乏、通信交通インフラの欠如、賄賂の蔓延、など課題は山積みだ。

なによりも、最高指導者が路線変更に消極的である。金正恩は決して開放政策を取らない。そもそも今の状況では、どこからも企業はやってこないのだ。核問題で譲歩した上での米国との関係正常化には、軍から反対と警戒の声が強い。中国においても米国接近に反対したのが林彪ら軍首脳であったことを思い出してほしい。林の粛清なしにニクソン大統領が北京空港に降り立つことはなかったのだ。

金正恩に反対派を全面排除できるだけの指導力があるかどうか。金正恩には、毛沢東・周恩来のような指導力もカリスマ性もない。祖父の金日成には抗日の闘士という「朝鮮民族の物語」に裏付けられたカリスマ性があった。金正日には、政権継承を準備する時間があった。だが、金正恩には、そのどちらもない。

結論から言えば、もう路線転換は間に合わないのではないか。中国が開放へと舵《かじ》をきってからすでに三五年。この間、北朝鮮が無為に浪費した時間はあまりにも長かった。国内に抱える矛盾は、政治・経済・外交と多面的である。カリスマ性なき指導者のもと、政策を変えるための合意形成は並大抵なことではない。

中国共産党の介入を許す大義名分

北朝鮮有事の際、中国は北朝鮮の混乱と動揺を座視しない。介入、それも軍事介入する可能性はある。昨今発言力を高めつつある人民解放軍が、鴨緑江《おうりょくこう》の向かい側に在韓米軍や韓国軍のプレゼンスを許すことはない。それは一〇〇万もの義勇軍を派遣して、北朝鮮を防衛した「抗米援朝闘争（=朝鮮戦争）」の成果を放棄することとイコールである。

一般には語られることがないが、中国には北朝鮮に介入する理論的な根拠がある。それが一九六一（昭和三十六）年七月に両国の間で結ばれた「中朝友好協力相互援助条約」なのである。条約は全部で七条からなり、うち、重要なのは第二条の「参戦条項」である。

「いずれかが武力攻撃を受け、戦争状態に陥ったときには他方は直接全力を挙げて、軍事上その他の援助を与える」

だがこの第二条には、表に出ていないウラ条項があるというのだ。

解説するのは、この当時の両国関係を熟知するある日本人関係者である。

「公開されている中朝条約の項目は七つ。だが、これはあくまで表に出ているもので、第二条の『参戦条項』には、外部からの侵略だけではなく、『国際帝国主義者の策謀により、党内が危機に直面し、緊急支援要請が行なわれた場合』は、他方はプロレタリア国際主義の立場から、同志的介入と支援を行なうという秘密合意が存在している」

「条約は、形式上は中華人民共和国と朝鮮民主主義人民共和国の間で結ばれているが、実際は周恩来と金日成が中国共産党と朝鮮労働党を代表して署名したもの」

「こうしたウラ条項の存在はスターリン時代に始まり、すなわち外務省が担当する国家間関係レベルの合意については表に出すが、党レベルの関係はウラ条項として公開しないとされた。中朝場合も、それに則《のっと》る」

金正恩が金正日の生存中に後継者として登場した際の最初の肩書きは、最高の権力機関とされる「国防委員会」ではなく、朝鮮労働党のもとにある中央軍事委員会の副主席とされていた（二〇一〇年九月）。この事実は、中国が、両党間の秘密合意事項である「有事における国際主義的支援要請」を、金正恩が行ないうるための布石だったのである。一年後に、金正日は死去する。

労働党と人民軍のトップだけが、条約に基づいて援助を要請する資格がある。それができるのは（金正日に次ぐ）中央軍事委員会副主席（当時）である金正恩しかいないという理屈である。

中国共産党は「国防委員会」からの要請だけでは出兵の理由付けができない。それでは「侵略者」のレッテルを貼られるだけになることを警戒しているのだ。

二〇〇八（平成二十）年一月、米国の有力なシンクタンク「戦略国際問題研究所」（CSIS）は、中国の外務省や国防部系列のシンクタンク、それに人民解放軍の北朝鮮研究者との意見交換をもとに、
（1）北朝鮮情勢が悪化した際、人民解放軍は北朝鮮に入り、人道支援と秩序の維持にあたる。
（2）北の核は米国や韓国に渡さず、中国が管理する。
と結論した。

レポートは「人民解放軍関係者へのインタビュー」がベースになっている。六年後の今、姿勢はさらにクリアになっている。日本を含めた西側は、中国の描くシナリオを追認する以外に選択肢をもっていないのが現実である。

金王朝、体制内部の亀裂

「倒れる、倒れる」と言われながら、すでに六十数年も続いている金王朝。その政変の可能性は政権中枢の権力闘争の行方《ゆくえ》にかかっている。そもそも、北朝鮮においては、一九九〇年代に東欧で成功したような市民革命の可能性はない。近代的な民主主義体験を持たない北朝鮮国民にとって、最大の関心事は「飯を腹いっぱい食う」という生存権のレベルにとどまっており、また、彼らの利益を代表する政党も宗教団体も存在しない。これでは変革の力にはならない。

結局のところ、北朝鮮の体制を覆《くつがえ》すのは人民軍を中心とした政権内部勢力になろう。この場合、中国で毛沢東が亡くなった後、公安を握っていた華国鋒《かこくほう》と人民解放軍の実力者葉剣英《ようけんえい》が手を組んで成功させた一九七六（昭和五十一）年十月の北京政変（クーデター）が参考になる。いわゆる宮廷革命である。思い出してほしいのは華国鋒も葉剣英も、毛の葬儀の際、後に彼らが打倒した江青《こうせい》ら四人組とともに、革命の継続を誓った「同志たち」であったという事実である。

私は二〇一一（平成二十三）年衛星放送から流れる金正日の葬儀のとき、泣き崩れる軍と党の指導者たちの姿を見ながら、「この中にユダがいる」と思い続けていた。華国鋒たちを決起させたもの。それは文革政治、戦時共産主義体制の行き詰まりであった。当時の中国こそ、今の北朝鮮なのである。

人民軍は金日成、金正日の二代にわたって政権を支えてきた。彼らが金正恩体制にどこまで忠誠を尽くすのか、ここが最大の注目ポイントになる。正恩は父の突然の死で後継者となった。彼には政権掌握のための準備期間がなかった。自前の支持勢力を持たない。祖父、父同様にカリスマ的個人独裁を確立したい金正恩の思惑と、彼を神輿《みこし》に担いで自らの既得権益を守りたい人民軍高官たち。両者の水面下での緊張関係が続いている。

だが、建国以来、六十数年も北朝鮮の体制を守ってきた人民軍の存在は大きく、その既得権益は強固である。体制にとって彼らを刺激するのは、虎の尾を踏むことに他ならないのである。

人民軍は政権内部の地雷原

人民軍は、アヘンの製造と密売をビジネス化している。中国遼寧省の丹東《たんとう》の対岸に建つ北朝鮮の「アヘン製造工場」。「この工場で作られた麻薬は鴨緑江に待機している高速ボートでいずこかへと運ばれている」と、日本の朝鮮研究者は解説する。

さらに「この種の麻薬製造と売買は人民軍が関与しており、中国国内、中でも東北地域（遼寧省、吉林省、黒竜江省）と中朝国境を中心に、人民軍のルートを通じて売りさばかれている」と語る。

中国との国境ばかりか、領海、なかでも黄海《こうかい》などでも軍のマフィア化がみられる。二〇一二年の五月、黄海で操業中の中国漁船三隻（乗員二九名）が北朝鮮の海軍に拘束され、身代金を要求される事件があった。乗員は解放されたものの、支払ったとされる金額は二七〇万元（約三四〇〇万円）だった（中国・中央ラジオ）。

中国の英文紙「チャイナデイリー」は、人民軍の犯罪を「拉致」という強い言葉で表現し、友好国に対する異例の糾弾を行なった。

先の中国のメディア関係者によれば「最近はこの種の事件が頻発している。人民軍が領海警備を利用して、海賊行為をしているのです。先軍政治体制で経済的困窮が進む一方の人民軍も、いまや不法ビジネスに関与して、自分たちの資金を捻出するしかないのが現実です」という。

問題はこうした軍の暴走を、党も抑えられないことである。経済困窮に苦しむ北朝鮮は軍の違法行為も黙認せざるをえないのが現状である。人民軍は、政権内部の地雷原となっている。

最後の金《かね》づるは、対日関係改善

先軍政治は行き詰まり、各国の経済制裁は解除されない。そうした環境での「開放」は、中国資本への従属を加速するばかりだ。さらにその「開放」すら資金難で、インフラの整備すらできないというのが金正恩体制の実態だ。

仮に政変があるとすれば、来《きた》るべき政治的転換の本質は「社会主義」の崩壊ではなく、封建主義から資本主義への移行である。

配給制度が崩壊し、以後二〇年間、資本主義の原点ともいえる「マーケット」で食いつないできた住民たちと中国の援助に寄生することで豊かさを手にした人民軍や党・政府高官たち。こうした「市場経済階層」が、金正恩体制を内部から脅かす「反逆者」となる。

袋小路に追い込まれた北朝鮮が打てる手は、日本との国交正常化によって経済支援マネーを手に入れること以外にない。それは、中国の周恩来と鄧小平が、対日関係改善に踏み出した前例を踏襲するものだ。

いまや中国ですら、北朝鮮への進出企業は撤退を始めている。ロシアも韓国も、援助には慎重である。まして経済破産状態の北朝鮮に投資しようという民間企業は、世界中さがしても皆無に近い。

対日外交打開に成功できるか否《いな》か。ここに金正恩の運命がかかっていると言って、過言ではないのである。

第3章　着々と北に侵食する中国

——東アジア経済圏構想に呑《の》み込まれる北朝鮮

（1）環日本海経済圏構想に邁進《まいしん》する中国

新潟を一大拠点としたい中国

中国の尖閣諸島領海への不法侵入が頻発し、東シナ海の安全保障に関心が集まるなか、日本海側でも中国の注目すべき動きが本格化している。焦点は日本海側の中心都市・新潟である。新潟は歴史的にも、大陸との長い貿易関係をもっている。

中国の新潟総領事館の移転拡大構想が明らかにされたのは、二〇一〇年のことである。中国側から、新潟市の市有地である万代《ばんだい》小学校の跡地に、新たに建設したいという意向が示されたのだが、中国に対する市民や県民から不安や反発が起こり、議会に反対の請願書が提出された。新潟市議会もこの請願を受理し、議会として反対の意向を表明することになった。二〇一一年三月の段階で正式に白紙になっている（新潟市役所国際課の説明）。

その後、中国側は五〇〇〇坪の民有地を取得、この段階で、問題は新潟市から政府外務省の手に移っている。

だが、市民の中国に対する根強い不信感とは対照的に、新潟県や新潟市当局、経済界はこの移転構想に総じて前向きである。県議会の「中国の業務拡大による経済効果波及への期待」（新潟経済界）も小さくはない。

地方の経済疲弊への危機感は深刻であるため、チャイナマネーに熱い期待がかかるのも事実である。「多少の遅れはあっても、総領事館移転は動かない」と地元新聞記者は語る。

地元経済の先行きへの不安はわからなくはないが、経済統合が及ぼす安全保障の問題への配慮も求められるところである。

新潟の戦略的位置とは

新潟の中国総領事館移転構想の背景にあるのが、中国が主導する環日本海経済圏構想である。二〇一二年四月、この中心業務のひとつである中国の吉林省《きつりん》・琿春《こんしゅん》～ロシアのザルビノ～日本の新潟を結ぶ国際陸海一貫輸送ルート（北東アジア国際フェリー）のうち、日本と中国二カ国間の相互代理契約が吉林省の省都・長春《ちょうしゅん》で調印された。

中国側は「長吉図（長春・延吉《えんきつ》・図們《ともん》）」国際物流集団貨物輸送代理有限公司、日本側は

新潟県の新潟国際海運が出席し、それぞれが航路の開設と物流に関して、吉林省と新潟県の業務を正式に代行することが確認されたのである

日本海の海上ルートとユーラシア大陸の陸路を結ぶこの多国間の交通ネットワークは、中国の長春と琿春を高速道路でつなぎ、琿春から北朝鮮の羅津《ラジン》港に向けて近代的道路を建設。そうしたうえで、羅津港と韓国の束草《ソクチョ》を海路で結び、最後に日本の新潟港に至る。こうした日本海を舞台に、中国、ロシア、北朝鮮、韓国四カ国を環《わ》のようにつなごうという史上初めての大構想なのである。

とはいえ北朝鮮だけは、参加の意向は表明しつつも現実には未参加である。その理由は第一に資金不足、そして本質的には先軍政治体制がもたらす周辺国との緊張関係が挙げられる。

その結果、まず日本、中国が先行スタートしたというわけなのである。吉林省政府が発行する地元紙「吉林日報」は「このルートを使えば、琿春と新潟間の所要時間は従来の半分で済むことになり、その結果、経済貿易に従事するビジネス関係者に大きな利益がもたらされる」と歓迎色あふれる記事を紹介している。

さらに一カ月後の九月、長春で「日中経済協力会議」が開催された。ここに財界が登場

環日本海経済圏構想

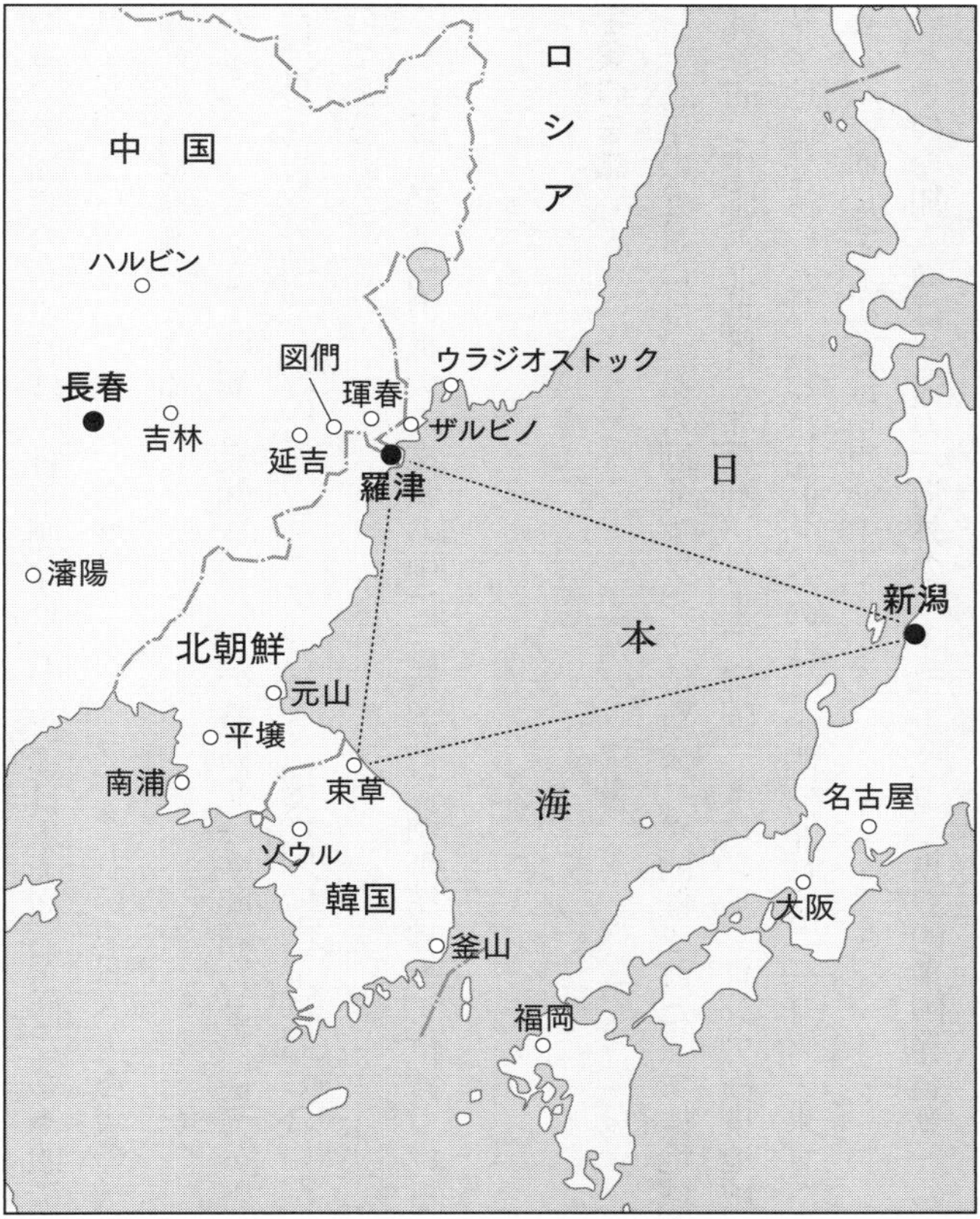

長春と琿春《こんしゅん》を高速道路で結び、琿春から羅津《ラジン》港までに近代的道路を建設し、羅津港から韓国の束草《ソクチョ》を経由して新潟港に物資を輸送するというのが中国の構想

してくる。参加者の顔ぶれは、日本側は丹羽宇一郎《にわういちろう》日本大使（当時）を筆頭に、北陸・東北各県（新潟、富山、秋田、山形、宮城県）のトップ、それに東日本大震災の被災地である仙台市の経済局次長らである。

このようにして（1）陸海一貫輸送ルートの整備を促す問題（2）観光分野の国際協力（3）投資と貿易奨励のための協力などについて、関係国の間では話し合いが続けられていたのである。

こうした日中経済協力拡大の文脈の中に、新潟の総領事館移転も位置づけることができる。

日本企業の思惑

二〇一二年の九月には「第八回北東アジア博覧会」が開催された。参加地域・国は、中国東北三省、中国河北地区、北朝鮮、日本、韓国、モンゴル、ロシア極東地域、ロシア東シベリア地域であった。新規に加わったのは「中国河北地区」「ロシア東シベリア地域」である（この催しはその後も毎年開催中）。

このときの参加人員は一〇万、海外のバイヤー一万、世界的多国籍企業一〇〇社というのが吉林省政府から事前に発表された数字である。メインテーマは「東北アジア観光一体化構想」。中国の東北開発に対し、日本企業の中で最も前向きなのがトヨタである。同社は長春に自動車製造工場を持っている。

この点で、東北開発とトヨタの対中進出をクロスさせてきた実力者・トヨタ元会長の奥《おく》田碩《だひろし》氏が、国際協力銀行の総裁に就任したことは注目される。

この人事は、財界と財務省の強い意向をうけて当時の野田佳彦《のだよしひこ》総理が決断したもので、日本のビッグビジネスの海外における大型プロジェクト受注を、日本政府がバックアップすることが目的だ。具体的には、こちらは円借款と違い、すべてタイトローン、つまりヒモ付きだ。

円借款の窓口であった国際協力銀行がＯＤＡ業務から離れ、経済界とのつながりを深めたのには、日本企業のインフラ輸出を至上課題にする、前田匡史《まえだただし》国際協力銀行国際経営企画部長らの存在がある。前田氏は財務省の意向を代弁している。政官財の思惑が一致した人事組織改編だったのだ。

環日本海経済圏構想と、ロシアの動向

環日本海経済圏の設立は、中国の東北地方にシフト中のトヨタにも膨大な利益をもたらす。現在は遼寧省《りようねいしよう》の大連《だいれん》と日本を結ぶ輸送ルートが使われているが、これが長春と琿春を経由し、北朝鮮の羅津港から新潟に直接運べれば、トヨタの物流コストが一気に軽減し、時間も短縮される。新潟を拠点に新幹線、関越自動車道の陸路を通じて東京、名古屋とつながることが可能になる。

中国ばかりか、ロシアも積極的である。プーチン大統領は本音では中国警戒論者であり、中ソ対立時代、KGB《カーゲーベー》の情報マンとして、中国がロシアの巨大な敵になるという認識を早くから持っていた。彼の悲願は日本と領土問題を解決し、日本資本を極東に導入し、この地域の開発と安定を図ることにある。

資金のないロシアの極東は、今後の開発の注目地域で、地域のインフラ整備、中でも港湾や道路建設が急がれる。資金を依頼できるのは日本以外にない。新潟には、新幹線も高速道路（関越自動車道）も、国際空港もそろっている。その地理的優位性は間違いなく高まるはずだ。

なぜ新潟県が中国総領事館の移転に賛成なのか。もうおわかりだろう。中国やロシア、

そして韓国からモノとカネが来るばかりか、それ以上にトヨタなど東北開発に熱心な日本企業の誘致が期待できるからなのだ。

中国総領事館移転の背景にあるのは経団連などビッグビジネスの国際戦略であり、中国の東北開発に自社の製造拠点シフトを重ね合わせようという思惑なのだ。こうした彼らの目論見《もくろみ》は、中国の環日本海経済圏構想や日中韓三カ国ＦＴＡ構想と完全にリンクしている。

だが、一番大きな不安材料が北朝鮮の存在である。核とミサイル実験に加えて経済破綻。さらに拉致問題も大きい。横田《よこた》めぐみさんは新潟から拉致されたのである。北朝鮮の変化を、経済人たちは注視している。

(2) 北朝鮮の資源を狙う両大国

北朝鮮の虎の子の銅山

二〇一一(平成二十三)年九月十九日、中国との国境沿いの街・両江道《リャンガンド》の恵山《ヘサン》市で、中国と北朝鮮の大型合弁企業が操業を開始した。会社名を「恵中《ヘジュン》鉱業合営公司」という。操業の始まりを祝う大々的なセレモニーには、姜民哲《カンミンチョル》朝鮮採取工業相、劉洪才《りゅうこうさい》在朝鮮中国大使、さらに金哲《キムチョル》・両江道人民委員会委員長らが顔を見せた。

この合弁鉱業会社は二〇〇七(平成十九)年十一月一日に、中国の「万向《まんこう》資源有限公司」と朝鮮採取工業省の共同出資で設立され、平壌《ピョンヤン》の人民文化宮でその調印式が行なわれた。設立の目的は銅山の開発と生産、そして販売にあった。

それから四年、やっと操業にこぎつけたというわけである。

内外の情報関係者は、以前からこのニュースに注目していた。それには理由があり、まずこの会社が採掘を行なうのは、北朝鮮の恵山青年銅山という国内最大の埋蔵量を誇る銅鉱山だったことだ。

中朝合弁の資源開発会社といえば、先に紹介した中朝国境沿いにある北朝鮮一番の鉄鉱石埋蔵量をもつ茂山《ムサン》鉱山が有名だが、今回登場する恵山青年銅山もまた、北朝鮮の虎の子ともいえる自慢の銅山なのである。

北朝鮮はこれまで自国を資源大国と称し、茂山鉱山や恵山青年銅山の開発権を餌に、日本を含む西側からの投資を募ってきたが、いずれも商業ベースの採算に合わず、結局、資源確保に必死な中国サイドが資源開発の契約に成功したという経緯がある。恵山銅山の開発期間は一五年である。

中国の資源あさりに高まる警戒心

関心が集まっているのは北朝鮮最大の銅山が中国資本の手に落ちたことだけではない。この恵中鉱業合営公司のバックに、米国のブッシュ前大統領ファミリーの関与があるからでもある。

わかりやすく説明しておく。中国側の出資企業である万向資源有限公司は、浙江省《せっこう》の杭《こう》州《しゅう》に本部をもつ万向集団の子会社で、同社が資源開発を目的にして設立した新しい会社である。そこで、指摘しておきたいのは、この親会社の万向集団の海外投資アドバイザーを務めているのが、ブッシュ前米国大統領の叔父プレスコット・ブッシュという人物であることだ。プレスコットは現在、米国で対中ビジネスロビー「米中商工会議所」を主宰しており、万向集団はこの会員企業なのである。

万向集団は中国屈指の多国籍企業で、米国の経済誌「フォーブス」や中国政府が独自にランク付けしている「中国企業ベスト五〇〇」にも、毎回顔を出すトップ企業でもある。本社は杭州市にあり、社員総数は五万を超える。海外の米国、カナダ、欧州、ラテンアメリカ、オーストラリアにも支店をもっていることでも有名だ。

業務は自動車部品製造、レストラン、ホテルなど観光業、さらに道路・橋の建設などで、今回初めて子会社を通じて北朝鮮の資源開発に乗り出した。いまや中国を代表する一大コングロマリットに成長中なのだ。

代表の魯冠球《ろかんきゅう》会長は現在六十九歳、一九九一年には米誌「ニューズウィーク」の表紙にも登場したネオ資本家集団の代表とも言うべき人物で、あるときは共産党員として共産党の全国大会に、またあるときは浙江省の代表議員として、全国人民代表者大会（全人代）に出席、さらに、中国の大企業を網羅した中国企業連合会と企業家協会のキーマンでもある。

魯会長はプレスコットだけでなく、彼を通じて、ブッシュ前大統領の実父であるブッシュ・シニア（元大統領）とも親しい。プレスコットが魯の海外投資に関するアドバイザーに就任したのは二〇〇〇年のこと。これ以後、万向集団にはブッシュ政権の政策動向が、大統領の叔父を通じて恒常的に入る仕組みが作り上げられていった。

中国の最大の投資国・北朝鮮

中国国家開発委員会の発行する月刊誌「中国投資」によれば、二〇〇六年以後、中国の海外投資のうち、北朝鮮向けが急増していた。先の恵山銅山開発も、この一環だ。

資源投資には膨大な資金がいる。そのために必要不可欠な前提が安全な投資環境なのである。当時は外部から観察する限り、米国と北朝鮮は核を巡る協議が不調のままで、二〇〇六年の北朝鮮の核実験でさらに冷却化が進行、一部では北朝鮮軍事攻撃すら噂《うわさ》されていた。

だが、中国と北朝鮮がこれほどの大規模な投資を進めるには、まず米国の軍事攻撃がないことが大前提になる。恵山銅山は地図を見ればわかるように、中国領が目と鼻の先にある。これで米軍の攻撃があれば、開発計画は一瞬にして白紙になる。

だが、当時すでにブッシュ政権内部で、北朝鮮攻撃を主張するネオコンや強硬派のチェイニー副大統領の影響力が低下、対中協調外交を唱えるライス国務長官とヒル国務次官補が前面に登場してきていた。

二〇〇五年、米国の北朝鮮政策は決定的に転換し、二〇〇八年、ブッシュ政権はついに北朝鮮に対して行なってきたテロ支援国家指定も解除に踏み切った。

こうした米国の政策転換に連動するかのように、二〇〇五年五月、中朝投資環境保護協定が締結される。これは一九四八、一九四九年の中朝両国の誕生以来、初めて行なわれた民間ベースにおける投資に関する取り決めだった。以後雪崩《なだれ》を打つかのように中国資本の北進出が本格化する。こうした米中両国の朝鮮半島管理の延長線上に「恵中鉱業合営公司」は誕生したのである。

米国が音頭をとった北朝鮮への経済制裁。その結果、孤立し、経済困窮に追い込まれた北朝鮮。そこに付け込むように、虎の子の資源を「友好」という名の下に、強引に収奪する中国。そうした大型プロジェクトの仲介者が当時のブッシュ大統領のファミリーにいた。当時も今も、日本人はこうした事実すら知らない。

そしてその先に彼らが狙うのが、日本からの援助マネーであることも知るよしもないのである。

第4章　正常化「利権」の闇

——なぜ大手ゼネコンが色めき立つのか

水豊《スプン》ダムの現状

第1章で、北朝鮮が日本の経済援助で喫緊に取り掛かりたい案件が、水豊《スプン》ダムの再建であることを述べた。水豊ダムというのは、日本の統治時代に建設されたものだが、現在でも北朝鮮最大の水力ダムとして利用されている。だが相当に老朽化が進んでおり、にもかかわらず、メンテナンスを行なうだけの技術と資本が北朝鮮にはない。さらに深刻なのは、手入れをしていないので、泥が堆積している。

このダムは中朝国境の鴨緑江《おうりよくこう》の北朝鮮側に建設されているが、かつての国境を挟んだ対岸は、満洲《まんしゆう》国政府の統治下にあった。その満洲国と朝鮮総督府が合同でつくった当時世界最大のダムが、この水豊ダムだった。

一九九〇（平成二）年に、日本から金丸信《かねまるしん》率いる自民党と、田邊誠《たなべまこと》日本社会党委員長の社会党代表団が訪朝し、金日成《キムイルソン》率いる朝鮮労働党との間で三党共同宣言が出されたが、そのときに、金日成が直々に要請してきたのも、ダムの話だった。

その後北朝鮮側の技術者がひそかに来日し、当時の実力者であった野中広務《のなかひろむ》に会って、この件と、中朝国境の鴨緑江に近代的な道路の建設を要請したという噂があり、こちらの道路に関しては、現在すでに、中国の主導で建設中である。それはともかく、北朝鮮の最大の問題は、エネルギーとオイルであり、水豊ダムの修理と再建が喫緊の課題であることは、いまも変わっていない。

ちなみに一九三六（昭和十一）年、満洲国と朝鮮総督府との間で「鴨緑江・豆満江《とまんこう》架橋に関する協定」が結ばれている。当時、満洲国、いまの中国東北地方と北朝鮮との間で一大経済圏をつくろうという構想があったわけだが、その構想が八〇年近くたって、中国のイニシアティブで復活しているのである。

一九三六年に決まったのは、その後の七年間で、一四の橋をつくるというものだった。狙いは満洲、朝鮮の一体化であり、その一環として、鴨緑江両岸にまたがり、朝鮮側と満洲国が共同で使える水豊ダムが建設されたというわけである。

一九四五（昭和二十）年八月の終戦まで、日本が中国全土と朝鮮半島に残した工業基盤には、アジア有数のレベル、当時世界最先端のモノが少なくなかった。なかでも満洲国の遺産は絶大で、ソ連のスターリンは満洲に攻め込んで、そうした工業製品をことごとく国内に持ち帰った。これに危機感を覚えたのが毛沢東《もうたくとう》だった。日本敗戦直後、彼はただちに解放軍の八路軍《はちろぐん》・新四軍《しんしぐん》に対して、満洲への進軍を命令、「日本帝国主義の遺産」をその手に収めようとしたのである。こうした歴史的事実を日本人は知らない。

ソ連軍は毛沢東軍の満洲侵入を許さず、これを拒否。中国共産党幹部と満洲駐留ソ連軍との大規模な衝突や、ソ連軍に中国高級将校が射殺されるという事件もあった。友好関係にあったと見られた中国共産党とソ連。彼らは日本の死肉を奪い合い、争ったのである。満洲と朝鮮の間にある水豊ダムもまた「日本帝国主義が残した遺産」だった。

金日成は何の苦労もなく、アジア最大の近代的ダムを手中にした。北朝鮮はこのダムの存在を徹底的に政治利用した。なかでも大きいのが一九五九（昭和三十四）年に始まった在日朝鮮人の帰国運動に際して行なわれたプロパガンダである。

本国の金日成の音頭で朝鮮総連は在日朝鮮人たちに対し全国的な帰国運動を展開、その最大の武器が当時の映画とスライド写真だったのである。上映会が公民館、総連系の学校で行なわれた。狙いは「発展を続ける偉大な祖国」をビジュアルにアピールすることだった。そこには例外なく水豊ダムが映し出されていた。

ある在日帰国者を兄に持つ知人はこう語る。

「ダムから勢いよく膨大な水が流れ落ちてくる。バックには戦闘的な音楽が流れる。建設に邁進《まいしん》する祖国というイメージは強烈でした」

いま彼は苦笑いしながら、正直に告白する。

「あのころ、在日朝鮮人の多くは、この水豊ダムも金日成が建設したものだと信じ込んでいて、日本が解放前につくったものだなんて、思ってもいなかった」

「祖国の発展の姿。それは実は日本が残した遺産だったのです」

一九四六（昭和二十一）年、日本の敗戦から一年後、金日成は有名な「重要産業の国有化は自主独立国家建設の基礎である」という演説を行なっている。

そのなかで金日成は、「北朝鮮で日本帝国主義者が朝鮮人民の血と汗でこの地に建設したすべての工場、鉱山、発電所、鉄道・運輸、逓信《ていしん》（通信）、銀行、商業、文化関連機関などは、その唯一の合法的な主人である朝鮮人民の所有に返った」と述べている。

工場、鉱山、発電所、鉄道・運輸、通信、銀行、商業、文化機関、銀行とか商業、要するに彼らがいうところの日本帝国主義が祖国に残したものは、すべて自分たちのものに返った。朝鮮は独立した、というわけだ。

だが、それはいいとして、日本が朝鮮から撤退した後、北朝鮮のインフラは、自前の技術も資本もないため、メンテナンスが施《ほどこ》されることなく、野ざらしのままである。

また、これも先に触れたが、北朝鮮の鉄道は複線化しておらず、すべて単線である。金日成や金正日《キムジョンイル》が乗っている国際列車も全部単線を走る。北朝鮮はその複線化工事も、日本の援助に頼ろうとしている。

つまり簡単にいうと、日朝正常化というのは、かつて一九四五年に日本が北朝鮮に残していったインフラを、全部日本のお金で直してあげる話だといっても、過言ではない。

小泉訪朝のあと、大手ゼネコンが朝鮮総連詣《もうで》をしたわけ

もちろん日本から出る資金はみな国民の税金であるから、日本国民にとって、こんな話はまさに噴飯《ふんぱん》ものである。だが、世の中は、そういう人たちばかりではない。

二〇〇二（平成十四）年、当時の小泉《こいずみ》首相が訪朝し、日朝平壌《ピョンヤン》宣言が出されると、日本のゼネコンは、目の色を変えて朝鮮総連詣《もうで》をした。当時、朝鮮総連の幹部は、それこそ毎晩、銀座で接待攻めにあっていた。彼らは本国とのルートを持っているので、露骨な言い方をすれば、朝鮮総連から本国に口を利《き》いてもらおうというわけである。

さらには、二〇〇四（平成十六）年の秋には、大手・準ゼネコン一一社が隠密裡に、大挙して北朝鮮を訪問しようとする事件があった。この動きを察知した外務省やメディアからの批判をうけて、大部分の会社は中国の瀋陽《しんよう》から日本に引き返したものの、西松、鴻池《こうのいけ》、東亜の三社だけは北朝鮮訪問を強行した。

以下が、そのときの企業名である。

（1）北朝鮮に入国（三社）　西松建設、鴻池組、東亜建設工業
（2）瀋陽から帰国（八社）　フジタ、大林組、大成建設、間《はざま》組、前田建設工業、清水建設、五洋建設、鹿島建設

そうそうたる大手建設企業の名前に驚かされるが、注目したいのは、西松建設の北朝鮮食い込み意欲の突出ぶりである。同社は平壌訪問に当初から積極的だった。またそもそも、訪朝団の呼びかけ自体、同社の積極的なイニシアティブで実現したという経緯もあった。

「事前に北朝鮮当局と西松の間の話し合いと根回しの上で計画されたツアーだった」（訪朝団メンバー）という証言もある。

では、彼らゼネコン首脳の北朝鮮訪問の目的はなんだったのか。それはもう説明不要であろう。

第1章でも見たところだが、「日朝平壌宣言」の第二項に「（日本は）国交正常化の後、

双方が適切と考える期間にわたり、無償資金協力、低金利の長期借款供与及び国際機関を通じた人道主義的支援等の経済協力を実施」すると書かれている。

日本にとって第二次大戦の戦後補償は、この北朝鮮援助が最後になる。建設会社にとって、以後、これほど大規模な援助事業は期待できない。賠償補償援助事業のうまみは、金額が大きく、期間が長いことだ。

特に、援助ビジネスに関わる業者にとって美味しいのは「宣言」にある「円借款」である。円借款が企業、なかでも建設業者にとって垂涎《すいぜん》の的《まと》なのは、先にも述べたとおり、援助の対象分野が「社会インフラ」の整備に集中しているためだ。道路、鉄道、港湾、ダムという交通・エネルギー分野のインフラ整備が、北朝鮮「経済支援」の過半を占めることになるだろうと外務省関係者は予想する。いずれもゼネコンが主役のプロジェクトである。受注企業は建設関係会社なのだ。

西松建設が持っている建設当時の設計図

北朝鮮の電力事情はというと、原発は稼動していない。火力発電所、水力発電所が電力供給の主役である。だが、前者は80％が石炭、20％は石油を必要とするにもかかわらず、現状では石炭も不足で、必要量の六分の一しか生産されていない。また石油もソ連の崩壊と中国の政策転換から援助が中断、あるいは縮小しており、慢性的な不足状態にある。今年に入ってから中国は、公式には原油の輸出を行なっていない。

そこで頼みが水力発電所ということになる。北朝鮮国内で最大規模の水力発電所は水豊ダム。北朝鮮の経済再建には、水豊ダムの整備と再建が不可欠ということになる。

このダム、建設したのは西松建設である（間組と合同）。同ダムは北朝鮮の平安北道《ピョンアンブクト》と中国の遼寧省《りようねい》をまたぐ重力式コンクリートダムで、一九三七（昭和十二）年に着工し、一九四四（昭和十九）年に完成した。事業主体は朝鮮窒素肥料で、施工業者が西松建設と間組であった。当時で総工事費が五億円、膨大な金額である。それだけに完成当時の発電能力は六〇万ＫＷで、当時の世界最大級であった。だが、いまでは三分の一程度しか稼動していないとの話もある。

あれから七〇年が経過した。北朝鮮はこの間、まともな補修はしていない。大規模な再建は財政的理由からできないでいる。当然、期待は日本にかかる。

そして、建設時の状況や設計図、さらに詳細な内部構造、こうしたダムに関する情報を有しているのは施工した西松建設と間組以外にない。建設時のデータがないと、補修もダムの現代化も困難である。こうして北朝鮮と西松建設を結ぶ水豊ダムというキーが、小泉首相の北朝鮮訪問で一躍クローズアップされてきたのである。

北朝鮮は、現状では自力でダムの補修や管理をすることができず、これを中国にゆだねざるをえないでいるからだ。その代償として、北朝鮮は貴重な電力を大量に中国に輸出しなければならない。

だが、日本との正常化と経済援助が実現すれば、中国ではなく、日本の資金と援助で再建が期待できる。そうなれば、まるまる北朝鮮が電力を国内で消費できるだけでなく、余剰分は中国に売却することで、カネも手に入る。

これは経済的孤立のなか、中国経済への依存度を高めつつある北朝鮮にとっても、喉《のど》から手が出るほど成功させたい一大計画なのだ。

事実、先のゼネコン訪朝の際、西松建設のメンバーが北朝鮮の対日関係者や技術関係者とまず語り合ったテーマは、この水豊ダムの再建計画であったという。訪問に同行した同社の技術者は、ダムの現状を撮影したビデオを帰国後、詳細に分析したという噂も流れている。

日本と北朝鮮が国家関係を結べば、経済支援が自動的に動き出す。その際、最も早く、かつ緊急性をもつ数百億円にも上るような大型案件は、まず水豊ダムプロジェクトであろうというのが日朝関係者の一致した声なのである。

「アンタイドローン」に翻弄《ほんろう》される日本企業

だが、北朝鮮特需に期待していた西松建設にとって、ここで頭の痛い問題があった。第1章ですでに指摘したように、日本のODAの柱である円借款が「アンタイドローン」であることである。何度でも指摘しておきたいのだが、「アンタイドローン」という制度は、援助を受ける側が援助プロジェクトに参加する企業を、一方的に指名できる制度なのである。

気に入らない企業なら、彼らがいくら熱心であろうと援助を受ける国、カネを貸してもらう側が一方的に拒否できる権限をもっているのである。

援助にこういう不合理なシステムを導入しているのは我が国だけである。米国も欧州も、韓国も、ロシアも、中国も、すべてタイドローンである。自国民の血税で援助するのだから自国企業が独占的にプロジェクトにも参入して当然だ。援助マネーは天から降ってくるわけでもなければ地から湧《わ》いてくるわけでもない。すべて援助国の国民の税金である。こうした合理的な考え方がベースにあるのだ。

かつてはそれなりの理由があったアンタイドローンも、今では時代遅れになっている。日本の援助がアンタイドローンであることから、大型案件には国際入札が慣例化している。日本以外の外国企業でも、プロジェクトをいくらでも獲得できる。それだけに外国勢は大歓迎だが、当然のことながら日本企業には極めて評判が悪い。日本の援助が、海外投資のインセンティブにならないのだ。

だが中国の海外援助は、そうではない。たとえばアフリカ諸国に対する援助は、チャイナマネーが使われるだけに中国企業が一〇〇%受注する。進出する中国企業には、政府系の中国輸出入銀行からも、ファイナンスが行なわれている。

だが日本の円借款は違う。日本の援助を利用して韓国や米国、さらには力をつけている中国企業が日系企業を尻目に、大型開発案件を競《せ》り落としていくのである。だが外務省も、制度見直しには後ろ向きだ。

それどころか、最近もまた、唖然《あぜん》とするような発言が飛び出した。緒方貞子《おがたさだこ》氏、元国連難民高等弁務官だった彼女は、日本のＯＤＡの実務機関であるＪＩＣＡ（国際協力機構）の理事長を務めた女性である。

ＪＩＣＡは、ＯＤＡの円借款も無償援助も担当する機関であることを念頭において、このインタビュー記事における発言を読んでほしい。


〈記者〉「ここ数年、日本の援助のあり方が、以前よりも『国益』を前面に出すようになっています。（中略）『援助は日本企業へのひも付きで当然』という声もあります」

（緒方）「援助を受ける国々に好かれ、信用されないといけない。そういう子どもじみた言い方は、もう少し洗練された言い回しをしていくべきでしょう」

（記者）「アフリカでの国際入札の結果、日本の援助プロジェクトで中国企業が多くの工事を受注しています」

（緒方）「中国と日本双方がウインウインになれる事例はいくらでもある。ウインウインは相手の信頼を勝ち得るための大事な原則です」

（「インタビュー　紛争下で命をどう守る　元国連難民高等弁務官・緒方貞子さん」朝日新聞　二〇一四年九月十七日付）


こうした発言を繰り返す女性が、先ごろまで日本のＯＤＡを管轄する機関のトップにいたのである。「ひも付き援助で当然」との認識は「子供じみた言い方」なのだそうだ。「もっと洗練された言い回しをしろ」とも。

彼女はODAが日本人の血税から拠出されていることを忘れている。「洗練された言い回し」をしたいのなら、緒方氏が自分の財布から援助すべきである。所詮は他人のカネだから、能天気な理想論を繰り返せるのである。彼女は日本以外の援助が「ひも付きで当然」とされていることの理由を、説明すべきだろう。ひもなしは日本だけなのである。

日本人の血税である円借款に外国人が寄生し、日本側は一方的に不利な条件にあるODA。本当にこのままでいいのだろうか。北朝鮮への支援がスタートすれば、アンタイドローンという「理想」がその逆の結果しか生まないという現実を、今から予言しておく。

この制度では、日本側の業者が金正恩《キムジョンウン》や北朝鮮政府に嫌われた場合、援助工事を受注する可能性はなくなる。アンタイドローンは、被援助国がイニシアティブを握るのである。金正恩が嫌う日本企業に仕事は回らない。

「北朝鮮利権」に群がる人々

「北朝鮮利権」という言葉がある。

　これは日本からの支援が、いかに多くの不合理に満ち、未解明な疑惑が多いかを物語る言葉だが、そもそも日本の円借款（具体的にはアンタイドローン）それ自体に、利権の構造が内包されているのである。ここが最大のポイントなのである。

　一般に援助を受ける国は、経済的に貧しい国である。国連の開発委員会のいう「後発開発途上国」（一人あたりのＧＤＰが八九九ドル以下）で、いわゆる三権分立とメディアの監視がしっかり機能している国はまずない。多くの国が前民主主義体制にある。

　日本は、北朝鮮が核とミサイルを放棄し、拉致日本人を帰国させれば正常化を図ると約束している。一方で、あの国の独裁体制の変更は必ずしも前提とされていない。最優先されるのは戦後処理であり、体制の問題ではないのだ。

　たとえば中国の場合。仕事欲しさに日本企業も中国要人に接近している。

　中国ビジネスのパイオニアを自負する伊藤忠商事は、そのため、対日関係の実力者に取り入ろうと、中国政府が禁止していた中古自動車の不正輸出に加担しているし、中国最大の原子力発電所受注に絡んで、電力分野に絶大な力をもつ李鵬《りほう》首相（当時）周辺に工作資金をばらまいたとして大阪国税局から四億円の所得隠しを指摘されている。伊藤忠商事の現地最高責任者は、鄧小平《とうしょうへい》の長男に対する医療支援を指摘され、実質は立派な賄賂だが

「あそこは円借款に関わっているから要請があれば断れない」と居直っている。

これと同じことが、一兆円の北朝鮮「賠償金」ビジネスの世界で再現されることは間違いない。逆にいえば、日本から何を言われようと北朝鮮政府の覚えが良ければ仕事にありつけるのである。

その象徴例が、レインボーブリッヂというNGOをめぐるスキャンダルである。この団体は二〇〇〇（平成十二）年に発足、目的を北朝鮮への人道主義的支援を行なうとしており、二〇一〇年七月現在、すでに北朝鮮訪問回数は一〇〇回を超え、「労働党幹部との会談は150回を超える」（HP）という。一時テレビに頻繁に出演していた小坂浩彰《こさかひろあき》氏が事実上の中心人物だが、その発言は露骨に北朝鮮を擁護するものばかりで、視聴者の顰《ひん》蹙《しゅく》をかっていた。

小坂氏は小泉訪朝後、拉致された日本人家族会の代表だった横田《よこた》めぐみさんの両親に急接近し、夫妻に対して孫のウンギョンさんに会うため平壌を訪問するよう再三にわたって「アドバイス」していた。さらに帰国した拉致被害者の子供たちの帰国についても、北朝鮮のメッセンジャーを務めている。

公安当局は早くから彼を北朝鮮の工作員とみており、事実、二〇〇六（平成十八）年、小坂氏は三重県桑名《くわな》に本社のある水谷建設から三億円相当の中古重機の寄付を受け、北朝鮮に不正輸出していたことが判明した。水谷建設が北朝鮮から建設用の砂利を獲得するための実績作りに、彼を使おうとしていたケースがこれである。

翌年、彼は厚生労働科学研究費をだまし取ったとして警視庁に逮捕されている。その後二〇一四年から始まった遺骨収集にも、関与が噂されている。

なぜここで小坂氏を紹介したかと言うと、彼の主宰するＮＧＯが、将来の北朝鮮正常化と経済支援をビジネスチャンスと見る建設企業や電力関連企業、さらに食品、医療団体（これも無償援助の対象である）からさまざまな支援を受けることで、受注を狙う会社の北朝鮮へのパイプ作りに協力しているからだ。

水谷建設などその好例である。なぜこんなことが必要なのか。

日本の援助がアンタイドローンだからである。どれほど北寄りの発言で日本人から批判と反感を持たれようとも、北朝鮮に嫌われず、信頼されてさえいれば、援助マネーは手に入る。受注企業を決めるのは日本ではなく北朝鮮政府側である。なんとでも言うがいい。

これが小坂氏の本音だろう。

日本の外務省や援助団体ＪＩＣＡが世界に誇る日本のヒモなし援助。だが肝心のそのヒモは独裁者に握られている。政府認定の日本人拉致被害者一七名、さらに警察庁の発表では特定失踪者八八三名以上。ここまでのことを行なった北朝鮮に、さらに独裁政権を支えるジャパンマネーが供与されるのである。まともな日本人は、この屈辱に耐えることができるのだろうか。

小坂氏は民間の「小物」（公安関係者の弁）にすぎない。問題は中国援助がそうだったように、ゼネコンもこうした事情のため、また有力政治家に頼らずにはビジネスにならないという現実である。

小沢一郎に対する西松建設献金疑惑の背景

ゼネコンが北朝鮮とも良好な関係にある日本の実力者をバックに持たない限り、援助案件の受注は困難である。それは中国向けODAが亡き竹下登《たけしたのぼる》元首相のマターだったことからも推測できる。鄧小平が直々に「日本の援助に感謝する」とまで発言したのは、竹下との会見のときだけだ。これは竹下が大蔵省に強い力を持っており、ODAにも影響力を行使していたからである。

その伝でいくと、つまり北朝鮮への援助の金額を増やし、長期間支援を続けることのできうる政治家だけがその代償として北朝鮮に気に入られ、援助ビジネスの受注にコミットできうるということだ。

西松建設は金丸と親しかった。裏を返せば竹下とは懇意ではなかった。そのため中国向けＯＤＡにはほとんど顔を出していない。中国ＯＤＡは竹下独占マターだったからだ。

経世会の中で竹下のライバルだった金丸・小沢《おざわ》と、人脈的につながりが深い国はどこかといえば、いうまでもなく北朝鮮である。金丸信が率いた自民党と社会党、それに朝鮮労働党は一九九〇（平成二）年、三党共同宣言を発表した。労働党はそれまで日本社会党など野党としかこの手の政治宣言を出していない。与党実力者が署名した合意書は、戦後初めてだった。そのなかには一九六五年の日韓基本条約には明記されていなかった「日本の過去の植民地支配」の文言が書き込まれ、さらに金丸は「戦後四五年の賠償」まで約束した。また金丸・金日成の二人の秘密会談で合意された「賠償金」は、一兆円という破格なものだった。

金日成はほくそ笑んだに違いない。嬉しくないわけがない。頼みのソ連・東欧は崩壊、もう彼らから支援は期待できなかったからだ。

金丸は、帰国後大バッシングを受け、謝罪に追い込まれる。その後彼の自宅の金庫から、北朝鮮から送られた金の延べ棒が発見されている。金日成からの「お礼」である。金丸失脚。だがその後、金丸が築いた北朝鮮パイプは、愛弟子小沢一郎《いちろう》に引き継がれる。小沢は自民党脱党から自由党結成、そして民主党へとさまざまな政治的変遷をたどり、今では生活の党という弱小政党のトップに転落してしまった。

しかし金丸信と小沢一郎は、今でも「偉大な首領に会見した」日本人実力者として記憶されている。人脈の国・北朝鮮でこの事実は重い。二〇一四年の夏、日朝協議が再開された直後、亡き金丸信の親族が北朝鮮から正式な招待を受けていることは、この事実を裏付けている。

二〇〇九（平成二十一）年、西松建設の献金疑惑に関連して、東京地検特捜部による小沢一郎民主党代表（当時）の第一秘書の逮捕、さらに、小沢氏本人への事情聴取が行なわれたことがあった。このときの容疑が、西松建設の献金疑惑に関連するものであったことは、なによりも、この間の事情を物語っているといえよう。

コメ援助に「全農パールライス」を指定

日本のお人よし外交は、言うも愚かな北朝鮮経済支援の密約ばかりではない。支援はこれまで何度も実行しながら、そのつど北朝鮮に取られる一方で、それが日本人拉致問題に何の効果ももたらさなかったことに表われている。私はこうした事実を振り返るたびに、北朝鮮という国は、餌《えさ》取りだけは上手《うま》いカワハギのような国だと実感する。

日本政府はこれまで北朝鮮に次のような「人道支援」を行なってきた。

一九九五年　村山富市《むらやまとみいち》首相をかつぐ自民・社会・さきがけ三党の北朝鮮訪問直後、二回に分けて合計五〇万トンのコメ

二〇〇〇年　森喜朗《もりよしろう》内閣当時、五〇万トンのコメ

二〇〇二年　小泉首相訪朝後、コメ二五万トン、一〇〇〇万ドル（約一三億円・一ドル＝一三〇円）の医療品の提供

合計すればコメが一二五万トン、医療品が一三億円となる。

名目はいずれも「人道支援」。河野洋平《こうのようへい》、加藤紘一《かとうこういち》など、北朝鮮に迎合的な政治家が中心になってまとめたもので、その大義名分は「北朝鮮の柔軟化を促進するため」だった。

カワハギ北朝鮮は、正常化が実現する前の段階でも、ここまで日本から支援を引き出すこ

とに成功している。今回の拉致調査でも、その再来を狙っている。情報を小出しにすることで、日本側の制裁解除と支援の復活を狙いとしていることは間違いない。なかでも彼らの念頭にあるのは、やはりコメなのだ。

というのも、二〇〇二年の小泉訪朝の際に約束した二五万トンのコメのうち、北朝鮮が出してきた横田めぐみさんの遺骨が偽物であったことから、半分が今も供与が凍結中だからである。

この中断している日本のコメが再び供与されるという噂が、中国と北朝鮮の国境地域で流れている。事実政府関係者から漏れてくる内容では、北朝鮮政府代表団が五月にスウェーデンで開かれた日朝局長級会議の席で、二〇〇二年に日本側が約束したコメと医薬品の提供を求めてきたというのである。私はこの話を、複数のルートから耳にしている。

これだけではない。すでに日本からのコメ援助を見越して，先の中朝国境では北朝鮮の市場関係者が中国の流通業者と、水面下の交渉を始めているともいう。しかも中国サイドは、具体的な銘柄まで指定しているという。それが「全農のパールライス」で、それも「東日本の神奈川工場」産とまで指定しているというのだから驚く。パールライスは、JAグループが集荷・仕入・精米・販売と一括して扱っているブランド米だ。イオン、ヨーカドーなどでも販売されている安全安心の高品質な日本米でもある。そうしたところから、パールライスは高級商品として高値で売れる。それをくれというのだ。

これまでの支援物資がそうであったように、何のことはない。「人道援助」といいつつ、そうした名目の物資は貴重な高級品として、中国の闇市場に横流しされ、転売されてゆく。その利益は労働党幹部たちの懐《ふところ》に入るからくりだ。

拉致調査を大義名分に、今回も同じことが再現されようとしている。

中国からの援助がこれまでのように期待できない以上、北朝鮮は拉致問題の解決を餌に日本に接近してくる。私は拉致されたままの同胞を奪い返すためには、一定の援助という交渉カードはやむを得ないと思う。だがそれだけに正常化と経済支援には慎重であるべきだ。なかでも円借款の持つ、バカバカしいまでの利権誘導システムのリスクは、知っておいてほしい。

親北朝鮮派の知識人がまったく知らないその現実

日朝協議が進展して、拉致された日本人のうち、ある一定数が帰国できる状態になった場合、日本国内で、過去コメ支援を実行した河野洋平氏や加藤紘一氏、または野中広務氏のように、北朝鮮に融和的な発言を繰り返す人々が必ず出現する。政治家のみならず、「文化人」にもいる。

そのひとりが田原総一朗《たはらそういちろう》氏である。彼は北朝鮮政府に招待されてから、テレビ番組で「横田めぐみさんは死んでいる」と発言し、家族会から訴えられ、敗訴するという醜態をさらしている。さらには「北朝鮮は世界有数の資源大国。他国はすでに積極的に採掘投資を始めようとしている。日本も遅れるな」と、メディアを通じて北朝鮮仕込みの発言をさんざん繰り返しているのである。

これは実に無責任な発言である。なぜなら、これまで北朝鮮の資源開発に乗り出した外国企業のうち、成功した例はほとんどないからだ。

田原氏に欠けているのは、ジャーナリストに不可欠な実事求是《じつじきゅうぜ》という報道姿勢である。彼には、自分を大事に招いてくれた中国や北朝鮮に対する盲目的な肯定と迎合だけが目立つ。

いまも世間では、「オレオレ詐欺」の被害は絶えない。犯人たちはさまざまな新手の騙しの手口を開発しては、犯罪を続けている。北朝鮮も、これとなんら違わない。言ってみれば、田原氏のしていることは「ホレホレ詐欺」である。

話は今から三〇年前、一九八五（昭和六十）年にさかのぼる。

平安北道にある北朝鮮有数の金山・雲山《ウンザン》鉱山。観光地として知られる妙香《ミョヒャン》山の近くにある。在日朝鮮人が日本の地質学者と組んで、開発プロジェクトチームを結成、その年の七月、彼らは北朝鮮に入国し、現地に向かった。

最初から北朝鮮側内部の思惑の違いが表面化した。地元・雲山人民委員会幹部たちや技術者らは、まず「水没している坑内の修復」を主張、これに対して平壌から同行した政府関係者は、いきなり「近代的な大々的な開発」を要求したからだ。最初から中央の官僚たちに、効率的な投資や収益性は念頭になかった。資金の出所は在日商工を含む日本であり、しょせんは他人のカネ、自分の懐《ふところ》が痛むわけでない。徹底してしゃぶりつくそうというのが本音だった。

採掘の最大の問題は、坑内の劣悪な環境であった。電力不足で電気の代わりにアセチリンガスを使うため、坑内は真っ暗、地下水も溜まったままだった。

帰国後、彼らは日本の三井物産の子会社とコンタクトを取る。そして。八〇年代に北朝鮮が未払いの資金を回収するためにつくられた「東アジア貿易研究会」も、ビジネスに関与することになる。北朝鮮側はこの開発と採掘利益で、未払い債権の支払いに充てようとしたのである。初期の設備投資額は三億五〇〇〇万円で、おもに削岩機、ポンプ、宿泊建設資材の代金に充てられた。八七年、金鉱開発の情報は中曽根康弘《なかそねやすひろ》総理の耳にも入り、東アジア貿易研究会などメーカー、商社といった日本側企業の参加の動きも始まったのである。

だが、この大型プロジェクトは最終的に頓挫する。契約に反して、北朝鮮政府が利益と経営権を独占し、鉱山の生産高の報告書も出さなかったためだ。そればかりか、北朝鮮は独占した金《きん》を勝手にロンドンで売却し、懐に入れていた。これでは日本側は怒って当然である。

だが彼らから返ってきた返事は「三六年間植民地にされ、国と民族を奪われたのだ。この程度は大したことでない」というものだった。日本側は改めて北朝鮮という国を信じてはならないことを学んだという(『朝鮮総聯の大罪』金昌烈《キムチャンヨル》著による)。

中国企業は、なぜ北朝鮮から撤退したか

次は中国企業のケースである。

北朝鮮の最大の鉱山である茂山は、金日成が「我が国の宝」と胸を張った場所である。

このことは、繰り返し述べてきた。その茂山鉱山の開発権を二〇〇五年、中国の天池《てんち》工業貿易が手に入れる。期限は五〇年。鉄鉱石の推定埋蔵量は三〇億トン。北朝鮮どころか、アジア有数の鉱山である。

経済成長に伴って中国は世界最大の資源輸入国となり、石油天然ガスや鉄鋼の需要も急増した。そこで中国が目を付けたのが、隣国北朝鮮に眠る鉱山だった。なかでも茂山は中朝国境にも近く、採掘した鉄を中国に運び込むのにも好都合な立地条件にある。それでいて北朝鮮には、自力でこれを開発するだけの資金も技術もなかったのである。

だが鳴り物入りで進出したものの、二〇一四年秋の時点で、開発事業は中断したままだ。原因は北朝鮮側がいきなり当初の合意に反して、20%もの採掘料の引き上げや、労働者の賃金や輸送費用の増額を、一方的に通告してきたのである。これを拒否すれば電力供給の停止、労働者のサボタージュという事態が予想された。交渉の余地はない。いやでも受け入れるしかないが、ここで承諾してしまえば、北朝鮮はさらに無理難題を突き付けてくる。これでは事業の継続は無理。こう判断して首脳陣は事業の中断を決断したのである。このままでは、掘れば掘るほど赤字になるからだ。

被害に遭ったのは天池工業だけではない。

瀋陽《しんよう》の西洋集団も、二〇〇七年から北朝鮮の資源開発ビジネスに二億四〇〇〇万元（約三〇億円）の投資を行なった。だが事業が軌道に乗り始めると、ここでも北側は取り決めを一方的に破棄、労働者の賃金、借地料、電気・水道代など一六項目の契約見直しを要求してきたのである。

一年後、西洋集団も事業撤退を決めた。度重なる役人からの賄賂要求も、彼らを辟易《へきえき》させた。こうした例を見れば北朝鮮のやり口は一目瞭然である。事業が軌道に乗り、利益が出始めるとそれまでの合意を一方的に破棄、一斉に値上げを要求するというパターンなのである。それは労働党の意向として現場に反映されたものなのだ。彼らは外国企業をタカリの対象としか見てはいないのだ。

北朝鮮が自分で鉱山を掘らない理由

雲山金山といい、茂山鉱山といい、中国の開発業者は、実際に北朝鮮という国で事業を始め、最後には操業中止や撤退という結論を出した。これこそが、噛みしめるべき教訓なのである。

北朝鮮が資源大国と言うのなら、そもそもなぜ北朝鮮が自分たちの手で掘らないのか。

それができないのは、カネも技術もないばかりか、採掘した鉱物を海外に輸出するに足る鉄道（繰り返すように単線のままである）も、空港（国際空港は平壌空港だけ）も、港（西海岸の南浦《ナムポ》港は泥で機能不全）も不完全だからである。

先に紹介した雲山金山の場合は、戦前に日本鉱業が米国のモーリス社から事業を買収、一九三六（昭和十一）年から四五年まで一〇年間操業を続けていたものだが、採掘場の周囲には朝鮮総督府によって、関連の鉄道、通信、道路の設備がきちんと整備されていた。だから海外向け輸出も可能であった。

こうした産業インフラは日本政府・朝鮮総督府が整備完成させたもので、民間企業である日本鉱業はタッチしていない。ここが重要なのだ。

敗戦と同時に同社は撤退、金山は金日成のものになる。だが坑道内部も周辺環境も新たに整備されることはなく、今でも先に紹介したような有様なのだ。

さて話は現代に戻る。前近代的な北朝鮮のインフラ。これに海外の民間投資家が資金を供与するのだろうか。出すわけがない。北朝鮮は破綻国家なのである。どこからもカネは出てこない。経済・交通インフラが整備されていないところに、外資が本格的に進出することは期待できないのだ。

北朝鮮には電力もない。これでは安定した操業は困難である。頻繁に電力がショートするからだ。そればかりか電力不足は外国企業を恫喝する材料にすらされている。甘い相手ではない。鉄道などの交通インフラ、電力などの産業インフラ。破綻国家にそれでも援助しようという国は世界中のどこにもない。これを約束したのが「日朝平壌宣言」なのである。

だが実際に北朝鮮ビジネスを行なった経験を持つ企業は、後悔以外、何物の感情も持っていない。そう考えれば田原総一朗氏のスタンスがいかに現実を踏まえていない空想的なものであるかがわかる。

すでに情報戦は始まっている。拉致された日本人の奪還のプロセスには、多くの罠《わな》が仕掛けられている。根拠のない「言論人」のプロパガンダに騙されてはならない。

第5章　米国、ロシア、韓国、それぞれの思惑

——北朝鮮をめぐって交錯する国益

（1）中国・韓国接近のお家の事情

韓国の朝貢と、宗主国の「熱烈歓迎」

二〇一三年六月、中国を初めて公式訪問した朴槿恵《パククネ》韓国大統領に対する中国側の「熱烈歓迎」ぶりは「中国史上最大の礼遇」（「環球時報」）と形容されるほど盛大なものだった。中国外交が、歴史的な転換を遂げたことを印象づけた瞬間だった。

朴大統領は、四月の米国訪問に次いで中国を訪れた。これまで歴代の韓国大統領は就任後、まず米国、次に日本を訪問するのが通例だったが、朴槿恵政権は従来の慣習を踏襲せず、日本ではなく中国を優先訪問した。「中韓の新時代」が始まったと韓国のメディアは書いているが、裏を返せば、それは韓国王朝が何千年もの間行なってきた、伝統的な朝貢外交に回帰することも意味していたのである。

北京《ペキン》空港に降り立った朴大統領を迎えたのは、張業遂《ちょうぎょうすい》中国外務省常任副部長（外務省のナンバー２《ツー》)。中国外務省の内部規定では、普通はアジア局の副部長クラスが出迎えることになっているから、これだけでも異例である。

朴大統領は防弾ガラス付きの中国高級車「紅旗」で、釣魚台《ちようぎよだい》国賓館に向かった。この場で習近平《しゆうきんぺい》国家主席は冒頭から「あなたは中国の古い朋友です」と笑顔で切り出し、握手を交わした。近年、「老朋友《ラオポンヨウ》」という言葉が中国の指導者から出ることはあまりない。リップサービスである。金正恩《キムジヨンウン》とは一度も会っていない習近平の口から、それが出たのである。

朴大統領は習近平国家主席、李克強《りこくきよう》首相、張徳江《ちようとくこう》全人代委員長ら中国トップ３と会見、共同声明「中韓未来ビジョン」と「中韓戦略的協力パートナーシップ充実行動計画」が発表され、さらに省エネ、科学技術など二カ国間実務者協議（全八件）が調印された。同時に、朝鮮半島の非核化と六者協議の再開が確認された。

上海の共産党機関紙「解放日報」は朴訪中を特集した。彼女の幼年時から最近までの写真が掲載され、彼女が「中国語や『論語』などに詳しい中国ファンである」との好意的な紹介記事で埋め尽くされた。この記事は国営新華社通信を通じて全国に配信された。

朴氏も熱烈な歓迎に応える。

習国家主席との会談の冒頭、中国語であいさつしたばかりか、清華《せいか》大学で開かれたフォーラムの記念講演会の演説も中国語で語りかけている。朴大統領は「中国迷（ファン）」であることが中国国民に印象づけられた。

首脳会談を翌日の「人民日報」の扱いも大々的なものだった。一面が首脳会談の詳細、二面、三面には共同声明の全文（ダイジェストではない点に注目してほしい）と付属文書のこれも全文が掲載された。さらに対外向け英字紙「チャイナデイリー」も、一面で中韓首脳会談を大きく取り上げている。こうした扱いも異例である。

同日夜、人民大会堂で歓迎の宴が開催された。参加者数は合計一五〇人。通常の外国要人向けの宴会は、この半分の八〇人規模が普通である。今回は収容人員の関係で、最大規模を誇る「金色大庁」が使用されている。内装もここが最も凝《こ》っており、華美である。

宴会では一九七四（昭和四十九）年に暗殺された朴氏の母・陸英修《ユクヨンス》夫人の大好きだった「故郷の春」が演奏されている。あたかも、一九七二（昭和四十七）年の田中角栄《たなかかくえい》訪中の際、田中の故郷・新潟の民謡「佐渡おけさ」が会場に流れたのを想い起こさせる巧みな演出だった。

韓国側も初物尽くしだった。大統領に同行した経済関係者の数も、総勢七一名と、これまでで最大規模。五月の米国訪問時は五二人、二〇〇八年の李明博《イミョンバク》前大統領の中国訪問の際でも、このときは中韓の経済関係が最も良好な時期だったのだが、三十数名にすぎなかった。

さらに今回はメンバーも韓国財界のトップ、大韓商工会議所、全国経済人連合会、貿易協会、中小企業中央会の経済四団体の首脳以外に、現代起亜自動車、ＬＧ集団、東天集団、現代集団、浦項など財閥の会長が顔をそろえるという豪華版だ。

中韓両首脳の会談では「両国は早期に自由貿易協定（ＦＴＡ）を実現し、現在、二一〇〇億ドルの貿易額を二〇一五年までに三〇〇〇億ドルにする」、さらに「中韓の間で緊急時に通貨を融通し合う通貨スワップを三年間延長し、さらに新規の提供」を行なうことなどが相互に確認された。日本政府のスワップ延長の中止を、中国が補ったのである。

翌日には人民大会堂で「中韓経済貿易協力フォーラム」が開かれ、参加した韓国財界人たちから中国との自由貿易協定妥結に向けた交渉への期待が表明され、中国国内の教育支援などに、一年で六五億円ものカンパが約束された。これは日本からの二〇一二年の対中ＯＤＡ（無償援助プラス技術協力）供与金額・四二億五〇〇〇万円を軽く超える数字である。

中韓貿易の落とし穴

確かに、中国と韓国との経済貿易関係は強固である。

二〇一一年の韓国の中国向け輸出（輸出入総額ではない）は全体の24・1％とほぼ四分の一、他方、米国向けはわずか6・11％にすぎない。韓国にとって中国は輸出でトップ、輸入でナンバー2の利益共有関係にある重要な国なのである。だが、これをもって順風満帆とはいいがたい。

韓国の対中輸出割合は、二〇〇〇年代の後半以降、20％台にとどまったままである。現状の枠組みでは、これ以上は増えないということだ。最近の中国経済の失速が、これに拍車をかける。最大の障害が関税障壁である。中韓FTAがこれまで以上に重要課題になるのは、こうした背景がある。

朝鮮戦争以来、長い間、韓国にとっての第一位の貿易パートナーは米国だった。だが二〇〇三年にこの構図が変化し、これ以後、米国は中国、日本、EUの後塵《こうじん》を拝《はい》し、第四位が定位置となってしまった。

ここ一〇年間、韓国の総貿易額に占める米国の割合は21％から9％に大きく下落、対照的に中国との貿易割合は7％から17％へと大幅にアップしている。米中との貿易関係は逆転した。また二〇〇三年に韓国の最大の貿易相手国が中国となって以後、いまも変化はない。こうした経済的相互依存関係が深まれば、政治外交的距離も接近する。もはや崩壊寸前の北朝鮮の存在など、習近平の眼中にはないのである。

だが問題は簡単ではない。輸出主導の中韓両国の成長に黄信号が点滅しはじめ、中国の安い労働力も旺盛な市場も、これまでのように安定したものではない。

すでに一部から警戒の声が挙がっているのが、サムスン電子が西安《シーアン》で計画しているフラッシュメモリー工場の建設計画である。これは総投資額が七〇億ドル（約七〇〇〇億円超）と膨大で、これは外国企業の中国投資金額としては過去最高である。西安への海外からの投資が不活発だっただけに中国政府もこれを喜んだ。朴が大歓迎された理由である。

七〇億ドルも投資するというのだから、中国はサムスンを大事にすると見るか、それほどカネを注ぎ込んだのだから、もう逃げられないと見るのか。韓国人の対中歴史観が試されようとしている。

北朝鮮のレーゾンデートルを否定した習近平

この朴訪中の目的は経済貿易が中心だったが、翌年（二〇一四年）の習近平中国国家主席の韓国答礼訪問は、政治外交分野にさらに一歩踏み込むものだった。北朝鮮抜きで中国と韓国は接近する。

習訪韓の最大のポイントは、北朝鮮の「敵国」韓国において、北朝鮮が朝鮮半島の正統政権のレーゾンデートルとしていた建国の大義を、中国の最高指導者が否定してみせたことだった。この事実は新聞でも指摘されていないが、極めて重大である。

発言は、ソウル大学の講演で行なわれた。

習近平は、豊臣秀吉《とよとみひでよし》の朝鮮侵攻や日中戦争当時の両国の日本に対する共同闘争に言及、日本批判を行なう中で、それまで北朝鮮に対する政治配慮から中国政府が決して口にしなかった、第二次大戦当時上海にあった「大韓民国臨時政府」を高く評価したのである。

この組織は、のちに大韓民国初代大統領に就任した李承晩《イスンマン》や、民族活動家金九《キムグ》らによって、亡命先の中国で結成された在外独立政治団体である。

だがその実態は単なる活動家の亡命組織にすぎず、何ら大衆的基盤をもってはいなかったし、一九四五年八月の日本の降伏と朝鮮の独立に、何の影響も及ぼすことはなかった。事実米国のルーズベルト大統領も中華民国の蔣介石《しょうかいせき》総統も、彼らが懇願した亡命政権承認の要求を一顧だにしていない。一九四五年の「解放」後も、上海臨時政府は駐留した米軍に相手にされず、組織内の内ゲバに終始するばかりだった。臨時政府なるものには、何ら現実的実体がなかったのである。

だが習は、これまで中国首脳が言及することのなかった上海臨時政府の日本軍国主義との戦いを褒《ほ》め称《たた》え、「韓国国民と中国人民の抗日共同闘争の象徴」とまで持ち上げた。

韓国政府とマスコミが喜ばないはずがない。彼らはこれまで、この上海臨時政府こそが大韓民国のルーツであると言い続けていたからだ。もちろん虚構であり、歴史の書き換えである。繰り返すが、臨時政府は連合国の米国や中国からも無視され、抗日の実績もない。

これに対して北朝鮮は、金日成《キムイルソン》が満洲《まんしゅう》で行なっていた抗日武装闘争こそが、朝鮮民族による日本軍国主義との抵抗運動の正統性をもつとして、「戦わなかった南と戦った北」という言い方をもって、胸を張って政権正統性の根拠としていたのである。もちろん北の言い分も歴史の偽造である。北朝鮮の言う朝鮮軍なるものの実体は満洲で戦っていた中国軍のことであり、当時金日成は、単なるゲリラ部隊の指揮官にすぎなかったからだ。

だが、中国共産党はそうした事実を十分に知りながら、こうした北の虚構を否定もせず、黙認してきた。それを習近平は、ほかならぬ韓国ソウルで否定したのである。上海臨時政府こそが朝鮮民族の抗日の正統性をもつとお墨付きを与えたのだ。朝鮮民族は、ことのほか歴史の名分《めいぶん》にこだわる。北朝鮮から見れば、怒髪《どはつ》天を衝《つ》く思いだったはずだ。たとえでっち上げだろうが誇張であろうが、金日成の抗日闘争には、事実だけはあった。その優越性が破壊されたのである。中国は朝鮮民族の大好きな「歴史」をカードに、朴槿恵大統領を抱き込んだ。韓国は経済貿易関係だけではなく、政治外交分野でも離米反日にシフトする。

朴は中韓首脳会談の席で日本の集団的自衛権の行使に反対し、就任以来、従軍慰安婦問題を理由に日本の安倍《あべ》総理との首脳会談は実現していない。さらに同盟国である米国との関係も揺らいでいる。米国主導のＭＤＡ協定不締結や、ＣＩＣＡ（アジア信頼醸成措置会議・中央アジア中心の反米国際組織）への正式参加など、日米韓の協力体制からの離脱傾向を隠さない。韓国の狙いは中立化である。金正恩の敵は中韓「同盟」となった。

（２）プーチンの野望、対中貿易従属関係からの脱却

習近平とプーチン

国家主席に就任したばかりの習近平が最初の外遊の地に選んだのは、隣国ロシアだった。首脳会談の相手はウラジミール・プーチン大統領である（二〇一三年四月）。ふたりは今のままなら、それぞれ今後一〇年にも及ぶ長期政権が約束されている。習とプーチンの中ロ時代がスタートしたのである。

一九五二年に生まれたウラジミール・プーチンがレニングラード大学を卒業後、秘密警察ＫＧＢ《カーゲーベー》の職員になったのは一九七五年のことである。当時のＫＧＢの最大の敵が、米国と中国であったことは言うまでもない。

一方、習近平はそのころ、文化大革命と対ソ対決外交のなかで、紅衛兵として、「ソ連修正主義打倒」を叫んでいた。彼が中国共産党員となったのは一九七四年。プーチンがＫ

GBに入る前年のことだった。習はプーチンが生まれた一年後、一九五三年に誕生している。

プーチンと習。ロシアと中国。両者の四〇年後の姿は激変している。

逆転した中ロ関係

一九七〇年代、中国は貧しく、そのGDPもアフリカの貧国と変わらなかった。逆にロシア、当時のソ連は、米国と並ぶ世界の二大超大国の地位を占めていた。

あれから四〇年。時代は変わった。中国はGDP世界第二位の経済大国にのし上がり、ロシアの四・五倍と、国力の差は圧倒的となった。逆にロシアはソ連解体により、政治的経済的混迷に陥り、超大国の地位から転落した。ロシアにすでに、往年の勢いはない。

中ロの経済的格差は圧倒的だ。両国の経済貿易関係を見ても、その非対称性が理解できる。中ロ貿易の特徴は（1）両国間の相互投資額は極めて小さい（2）貿易額も多くはないことだ。

さらに、その貿易の中身も、ロシアからは石油や天然ガスといった資源輸出が中心で、貿易品目は多面的とは言いがたいのである。ロシアは世界第二位の石油原産国であり、原油と天然ガスが輸出の七割を占め、政府予算の半分をそれに依存している。ロシアの輸出は、機械や電子製品など工業製品の比率が低く、逆に、原材料の比率が高すぎるのである。

一方、中国からは石油の代わりに、機械、電子製品、繊維、アパレル、さらに消費財がロシアに輸出されている。

中国が資源を買い、製品をロシアに売る。ロシア経済は中国商品の流入で、いまでは輸入超過が通常になってしまっている。

非対称性はそればかりではない。現在、ロシアにとっての中国は、最大の貿易相手国だが、中国にとってロシアは第六位のパートナーにすぎない。このように、中ロ経済関係は、ロシア側の中国に対する一方的な従属関係にある。

ロシアの貿易相手国ベスト３は（１）中国（２）ドイツ（３）オランダで、米国は八位、日本は九位にとどまっている（日本外務省ＨＰより引用）。一方、中国は米国、ＥＵ、日本、韓国、ＡＳＥＡＮなど先進国が貿易の中心である。

ロシアは日本などと多面的な経済関係を構築したい。あまりに対中経済依存度が高すぎるからだ。中国は三〇年間にわたる市場経済政策に成功し、かつては「兄貴」と呼んで尊敬の対象にしていたソ連（ロシア）をはるかに見下す大国への成長を遂げている。

中ロ両国の経済関係の実態は、ある種の植民地収奪経済構造なのである。だが、ロシアは現状では、中国に対して石油や天然ガスなどというエネルギー資源以外に売るものがない。

中国政府高官たちは非公式の場でロシアを「北のサウジアラビア」と冷笑する。買えるものは石油以外になにがあるのか、というわけである。

ロシアの不満は、価格の決定権を最大のお得意様の中国に握られていることだ。ロシアの売り物は石油とガスだけ。しかも、その値段は中国側が一方的に決めるというのでは、両国の貿易額の大幅な拡大は見込めない。

一九九一年からこの二〇年間あまり、つまりソ連が崩壊し、ロシア共和国が生まれてから、この間、両国の貿易規模はいまだに一〇〇〇億ドルを超えたことがない。

他方、中国の対日貿易額は三一二〇億ドル、対米貿易額は五〇〇〇億ドルを超えている（二〇一三年、ＪＥＴＲＯ）。

中ロ両国は今後、二〇一五年に貿易額を一〇〇〇億ドルに、二〇二〇年に二〇〇〇億ドルに増やすことで合意しているが、その内実は、中ロ貿易関係の最も重要な位置を占めているのは資源エネルギー分野の協力である。

二〇一四年五月、ロシアは天然ガスを三〇年間にわたり、中国に輸出することにした。十月には、李克強《りこくきょう》中国首相がモスクワを訪問し、貿易拡大で一致したものの、ロシアの売りものは「エネルギー」しかない。

中国にとって、ロシアは今後も資源を提供するだけの「北のサウジ」に過ぎないのである。

中国がロシアに借款を与える時代へ

二〇〇九年、中ロの間で経済援助協力協定が結ばれた。ロシアの資源開発に、中国政府が長期借款（経済援助）を供与するというものである。借款の総額は二五〇億ドルで、ロシアはこれに対して二〇一一年から三〇年までの間、毎年一五〇〇万トンの石油を提供することが交換条件とされている。

旧ソ連が中国に与えた借款は、総額で約五七億ドルに上る。だが、中ソ対立が始まると、ソ連は対中技術協定の破棄、専門家の帰国、そして借款の返済を要求した。中国政府は一九六四年、利子を含めてすべての借款を返済している。

だが、時代は一変した。いまではロシアまでが中国から借金をする時代になった。ロシアは公然と中国と喧嘩はできない。これが現在の中ロ関係の基本的構図である。ここにも北朝鮮同様に、ロシアが中国牽制のため、日本に接近する内在的理由が生まれるのである。

だが、ここにきてプーチン大統領の来日は延期になり、ウラジオストックの液化天然ガス（LNG）プラント建設計画も、「撤回」の可能性をちらつかせている。いずれもウクライナ問題をめぐる日本の姿勢に不満を示したものだ。

このままなら、ロシアは西側に対抗するためにも、中国に接近するしかない。だがそれは、本音ではない。

ロシアから言えば、資源輸出中心の対中国貿易関係にはメリットは感じられない。ロシア経済の質的レベルアップには何らつながらないからだ。ロシアが求めるのは経済の量ではなく、質の向上である。だが、それは中国からは期待できない。ロシアは虎の子の資源を、ロシア経済の質的向上のために使いたい。

過去、ロシアを訪問した胡錦濤《こきんとう》国家主席が、直々にモスクワに中国自動車工場の建設を要請したことがあった。胡の熱心な依頼にもかかわらず、ロシア首脳は首を縦にふらなかった。それはドイツや米国、日本のメーカーならともかく、中国の自動車の技術レベルではロシアの自動車産業にとってなんの寄与もしないからだった。

アジア太平洋の多国間経済圏構想

ロシアの経済グローバル化は遅れている。やっとＷＴＯ（世界貿易機関）に加盟したのが二〇一一年一月。だが、それでも二〇一二年九月、史上初めて極東のウラジオストックでＡＰＥＣ（アジア太平洋経済協力）首脳会議を開催し、ロシアの発展は、アジア太平洋地域のそれと密接不可分であることを宣言した。

ロシアは本気で、日本からの経済援助による極東地域の開発と対日貿易を熱望している。経済レベルの向上が目的である。そのためもあり、日中が対立する尖閣諸島についても、中国の「核心的利益」に同調せず、バランスをとろうとしている。

当面は中国の東北開発にリンクしながら、朝鮮半島の緊張緩和と日本からの経済支援を実現させ、沿海州地域の交通インフラの整備に日本や韓国からの支援を望んでいる。

日本だけではない。北朝鮮へのアプローチも活発だ。

二〇一三年九月　北朝鮮の羅津港とロシアと結ぶ鉄道新線開通
二〇一四年三月　ガルシカ極東発展相訪朝
　　　　四月　トルトネフ副首相、プーチン大統領の特使として訪朝。ロシア上下両院、旧ソ連時代の北朝鮮向け債権一〇〇億ドル（約一兆円）を免除批准
　　　　六月　北朝鮮の李洙墉《リスヨン》外相、ウラジオストック訪問。極東の農業開発協力で合意

北朝鮮も、中国には二〇年しか認めなかった羅津《ラジン》港の利用権を、ロシアには五〇年間許している。また金第一書記の初めての外遊先は、北京ではなくモスクワになるのではという噂すら流れている。

（３）「第二次朝鮮戦争」は起こりうるか

米中は軍事的対決、経済的「同盟」関係

米国に、アジア太平洋地域において中国を封じ込めようという「意図」があることは確かである。だが、肝心のポイントは、現在、そして将来にわたって、それを遂行しうる「能力」が米国にあるかどうかである。

中国を軍事的に圧倒しうる「能力」は、経済力によって担保される。いかなる国であろうと、国家財政が安定していない限り、軍事的負担は困難である。中国がここまで軍事大国に成長したのも、ＧＤＰ世界第二位の経済力のおかげなのである。

では、その米国の国家財政はどうなのか。大赤字であることは世界中が知っている。米国の軍事力とハイテク技術は中国をはるかに圧倒していて、人民解放軍を一蹴する能力をもつ。中国はいまだ、米軍の敵ではない。ただし、それは軍事分野限定の話である。

肝心の米国の経済と国家予算には、赤信号が点滅している。来《きた》るべき最悪の事態とは、ドルの暴落だろう。それは米国の悪夢である。だが、事《こと》は米国一国だけにとどまらない。最大のダメージを受ける国、それが中国なのである。

米国財務省が発表した最新の国債保有国は、次のとおりである（二〇一四年七月）。

(1) 中国　一兆二六四九億ドル
(2) 日本　一兆二二九〇億ドル
(3) ベルギー　三五二六億ドル
(4) カリブ諸島　三一三五億ドル
(5) 石油輸出国　二六一三億ドル
(6) ブラジル　二五八六億ドル

以下、スイス、台湾、英国、香港と続く。十位に出てくる香港の数字（一五八一億ドル）にも、大陸から入っているチャイナマネーが含まれている。

一瞥したただけで、中国と日本のアジアの二大国の保有額がダントツであることがわかる。三位のベルギーですら、中国や日本の保有高の三割弱にすぎない。日中両国だけが一貫して大量の米国債を買い続けているのである。

中国の外貨準備高は四兆ドルと世界一。中国の外貨準備の増え方は驚異的で、二〇〇五年の八一八九億ドルから、二〇一四年の約四兆ドルへと、一〇年で五倍に増えている。増え続けた富は「敵国」米国の国家資産の購入に充《あ》てられている。外貨準備のうち、70％はドル建てで運用され、40％が国債保有額なのである。

豊かになった中国は、米国債の購入や米国国内への投資を続けている。この傾向に変化はうかがえない。

中国は米国と軍事的に対立しつつ、その一方で、米国経済の崩壊を食いとめてくれる米国の一番の重要な経済「同盟国」でもあるのだ。こうした経済的紐帯《ちゅうたい》を考慮すれば、米中両国が本格的に軍事衝突する可能性は小さく、最後はともに妥協せざるを得ない。

それでも対決となれば、現状では、米国は膨大な軍事費用を「敵国」中国の対米投資によって確保するということになる。チャイナマネーでチャイナと戦う米国。こんな奇妙な話があるのだろうか。それればかりではない。戦争勃発は、ドル危機に拍車をかけ、他方ドルの保有率の高い中国の国富も膨大なダメージをうける。経済分野については、両者相打ちとなる。

第二次朝鮮戦争で米中激突となれば、米国を含む西側は、対中経済制裁に踏み切らざるを得まい。そうなれば、貿易依存度の高い中国の市場経済の死を意味するが、同時に中国に投資している米国など西側のビッグビジネスの利益も傷ついてしまう。

対決がエスカレートする以前に、両者間には必ず復元の力学が働く。これが米中関係なのである。両国の関係を、過去の冷戦時代の感覚で見ていいのかどうか。その実体は国境を越えてヒト、モノ、カネが自由な往来をするグローバル時代の文脈で理解すべきだろう。

ドルに姿を変える中国の富

現在世界一の外貨を保有する中国。その額四兆ドルである。繰り返すが、この膨大な富は70%が対米投資などを通じて、ドル資産に化けている。そのうち、40%が先に紹介した米国国債に充てられている。

中国が日本を抜いて外貨準備高で世界一に登場したのは二〇〇六年だが、それに合わせるように、中国政府のドル投資は加速している。現在でも外貨準備高は第二位の日本の三倍もあり、中国のそうした金融パワーは、米国経済にとっても必要にして不可欠なものとなっている。だが、中国にとっても、ここまで経済金融関係が深くなると、ドル暴落は他人事ではなく、中国経済の崩壊にもつながりかねない。

中国の巨大な外貨は貿易によって獲得されたものだが、その貿易高は二〇〇一年にＷＴＯに加盟した後、この一〇年で六倍に膨《ふく》れ上がっている。いまではＧＤＰのうち、実に50％を貿易が稼ぎだしている。

さてその虎の子の貿易も、米国と依存関係にある。相手国のトップ５はＥＣ、米国、韓国、日本、ＡＳＥＡＮとなるが、ＥＵとＡＳＥＡＮは地域連合であり、国家単位でいうと、最大の輸出国は米国である。中国にとっても「敵国」米国がいちばんのお得意様、稼ぎ頭《がしら》なのだ。

米国市場なくして、中国経済の成長も拡大もなかった。それは基本的に今後も変わるまい。対米輸出で稼いだ世界一豊富なマネーは再び米国に還流してドル体制を支える。この構図が米中経済「同盟」関係なのだ。ここが米中両国の基軸である。

米国も確約した中国の「核心的利益」

経済関係は、政治的枠組に大きな影響を与える。

米中間にある対立点は、中国側の言う「核心的利益」をめぐる衝突だ。「核心的利益」とは中国が決して譲歩できない国家利益を指す。

中国が核心的利益と言いつづけている地域は五つある。

（1）チベット
（2）ウイグル
（3）台湾
（4）東シナ海（尖閣諸島を含む）
（5）南シナ海（南沙諸島を含む）

このうち、1、2、3について米国は、中国の内政と公式にも確認しており、現在両国間で軍事紛争の種になろうとしているのは（4）と（5）である。

東シナ海と南シナ海における中国の覇権を米国は認めない。いずれもアジア太平洋地域における自国のシーレーン防衛に必要不可欠であるばかりか、東シナ海地域は尖閣列島を含み、それゆえに日米安保の信頼性にかかわる。二〇一〇年の尖閣事件以後、日本国内で「米国は本当に頼りになるのか」との不信が噴出してきたことへの危機感と警戒感もあった。

それは後者の南シナ海防衛についても同様で、南沙諸島をめぐって、中国と対決の姿勢を強めるベトナム、マレーシア、フィリピンなどＡＳＥＡＮ各国を、米国は応援するというスタンスをとってはいる。しかし、より重点が置かれているのは、対決と紛争の〝予防〟である。

米国安全保障において最も注目すべき点は、軍事的優先ランクの最上位はユーラシア大陸ではなく、西太平洋に移っていることである。「陸」ではなく「海」なのである。チベットもウイグルも、台湾も、米中が対決する場所ではない。米国は中国が執拗に言及するこれら「核心的利益」を刺激することには慎重である。

では、「朝鮮半島」はどうなのか。

マッカーサーを解任した政治の論理

「第二次朝鮮戦争論」を唱える人々の特徴は、軍事のみを語って政治を論じない。彼らは一九五〇年に始まった朝鮮戦争において、マッカーサー司令官が局面を一気に打開しようと中国軍の兵站《へいたん》となっていた「満洲」地域への核攻撃を、トルーマン大統領に提案したものの、逆にその地位を解任された過去から教訓を得ていないのだ。

マッカーサーの提言は、間違いなく軍事的には正しかった。だが彼の軍事プランが採用されることはなかった。中国とのこれ以上の対決（中国国内における軍事行動）を米国の政治エリートたちが許さなかったからである。戦争は政治の別の手段である。軍事作戦の最後のカギを握るのは政治判断だ。

朝鮮半島を考察する際、四〇年前、木枯らしの吹く北京の人民大会堂で、中国を訪問したばかりの米国大統領と中国首脳の間でどんな政治が語られていたのかを再確認しておかなければならない。

一九七二年二月二十三日、この日北京は雪だった。

当日、ニクソン大統領と周恩来《しゅうおんらい》首相は朝鮮について、以下のようなやり取りを行なっている。会見に参加したのは次のメンバーである。

▽米国

ニクソン大統領

キッシンジャー大統領補佐官

ホルドリッジ国家安全保障会議スタッフ

ロード国家安全保障会議スタッフ（彼はキッシンジャーの腹心で、ロックフェラー系列の外交問題評議会の会長職も務めている。こののち中国大使、クリントン政権時代には国務次官を歴任し、クリントンの「人権外交」と「最恵国待遇」をセットにした対中外交を修正させた）

▽中国

周恩来首相

喬冠華《きょうかんか》外相（四人組に連座して、一九七六年失脚）

章文晋《しょうぶんしん》外交部西欧・北米・太平洋州局長（のちに中国有数のアメリカ通になる）

周恩来「朝鮮問題についてあなたのお考えはわかっています。第一に将来朝鮮から最終的に軍隊を撤退する用意があること、次に極東の平和に有害であるから、日本軍を南朝鮮に入れないこと、（では）どうやって、南北の接触を促進するのか、どうやって平和統一を促進するか（ここを話しましょう）」
ニクソン「重要なのは米中両国が（互いの）同盟者（韓国と北朝鮮）を抑制するように影響力を行使することです。朝鮮戦争当時、韓国の李承晩《イスンマン》は北進を求めましたが、（その頃、アイゼンハワー政権の副大統領だった）私は拒否しました。彼は泣いていましたが、私が彼を北進させませんでした」

重要なのはこの後の発言だ。

ニクソン「朝鮮人は北も南も感情的に衝動的な人たちです。私たち両国はこの衝動と闘争的態度が両国を困らせるような事件を引き起こさないよう（それぞれが）影響力を行使することが大事です。朝鮮半島を我々両国政府の争いの場とさせるのは愚かで馬鹿げたことです。一度起こってしまいましたが、（1950年の朝鮮戦争のこと）二度とこんなことを起こしてはなりません。首相と私が協力すればそれを防ぐことができます」
（発言内容は『ニクソン訪中機密会談録』毛里和子《もうりかずこ》訳、名古屋大学出版会から引用）

米中共同管理へ

「朝鮮人は北も南も感情的で衝動的な人たちです」

これは今日の在特会（在日特権を許さない市民の会）の発言ではない。時の米国最高首脳の口から出たものだ。

ニクソンは過去、米国は朝鮮において、中国との望まない戦争に巻き込まれたと告白した。南北の内戦だった朝鮮戦争は、米国と中国という同盟国を巻き込んだ大規模戦争に発展してしまい、その結果、米中両国は互いに長い冷戦を続けなければならなくなったと。

だからこそ、これからは「朝鮮人の衝動と闘争的態度が両国を困らせるような事件＝第二次朝鮮戦争」を起こさせないように、米中両国がそれぞれ韓国と北朝鮮の暴走をチェックすることが大事であり、それは可能なのだと中国最高首脳に対して提案したのである。

周恩来はこれに賛同しつつ、同時に北朝鮮への配慮から、これ以上の踏込みは巧妙に避けている。だが記録を読めば、周がニクソンの打診を受け入れていることは明白だ。米国の投げたボールを中国も投げ返す。この会見から三年後に、そうした中国のメッセージが米国に伝わった。

再確認される米中密約

一九七五年四月、ベトナムが「解放」され、南北統一が実現したころ、北京を訪問した金日成《キムイルソン》主席は、歓迎宴で「南の人民が立ち上がれば、我々は座視しない。戦争で失われるのは三八度線だけだ」と南進の決意をアピールした。だが、ホストであり、周恩来の代理役を務めていた鄧小平《とうしょうへい》副首相は、金主席の発言を座視しなかった。直接、金の「冒険主義」を諫《いさ》めたばかりか、北朝鮮による南進自体に強い警告を発したのである。

一カ月後、金主席は「革命は輸出できない。南の革命は南の人民が行なうものだ」と述べて、北京での発言の修正を図った。これは中国に対する釈明であった。

金のこの釈明は、ただちに中国を通じてキッシンジャーたちに伝えられた。「朝鮮人の衝動と闘争的態度」を、中国も米国も二度と許さなかった。

今は、冷戦が終わったこともあり、当時に比べて、米国外交における朝鮮半島の比重は大きく低下し、米国はこの地域において中国との協力を最優先させる。北朝鮮の核開発を防ぐための六者協議のホストは中国だったし、「米中戦略経済対話」には、両国が朝鮮半島問題を語り合う正式な協議機関が常設されている。

米中両国は、こと半島問題については協調的で、国務省は一貫して中国の役割を肯定的に評価している。

ニクソンと周恩来の間で交わされた一九七二年の「密約」は、四二年後の今年、再び、キッシンジャーやロード国務次官補たち米国の当事者たちを仲介する形で、オバマ政権と中国首脳との間で再確認されるだろう。

朝鮮有事がいかなる状態で発生するのかはわからない。ただ米中の間で互いに対決しあっている東シナ海、南シナ海と朝鮮半島は同じではない。後者には四〇年の対話の積み重ねが存在している。北朝鮮でのクーデター等による体制崩壊などの有事に際し、現場において軍事的トラブルや部分的衝突は十分にありうる。だがそれが大規模な第二次朝鮮戦争に発展する可能性は、限りなく小さい。

むしろ現実的に考えられるのは、朝鮮半島における中国のイニシアティブに米国が期待をかけていることだ。核を保有し軍事路線をひたすら追求する北朝鮮の存在は、日本の核武装につながるとの警戒もある。

中国は中国で、破綻国家北朝鮮よりも韓国を抱き込みたい。さらに北朝鮮の潜在的なリスクは、東北三省をベースにした環東アジア経済圏構想の障害物でもある。金正恩に代わる開明的な指導者が登場し、国内の安定を確保しつつ市場経済化に向かうこと。これが習近平の本音だろう。それは米国の利益とも一致していることを覚えておいてほしい。

第6章　安倍政権の選択肢

——「拉致、正常化」一括解決案への疑問

なぜ「拉致の完全決着」は実現困難なのか

第二次安倍《あべ》内閣は誕生早々、「この政権で拉致問題を完全決着させる」と宣言した。だが警察庁があきらかにした拉致の可能性の高い「行方不明者」（特定失踪者）数は「八八三人」。調査会がこれまで言ってきた「四七〇人」の二倍にものぼっている。

二〇〇二年、それまではしらを切ってきた北朝鮮が日本人拉致を認めたとはいえ、その実態は今も深い闇のなかにある。

日本政府の側も、完全には詳細を把握しているとも思えない。なかでも重要なことは、はたして何人の日本人が北に拉致され、現在どれほどの数の人たちが生存しているのかがわからないことだ。

安倍政権が、すべての日本人を助け出すというのはいい。それが大前提なのだが、同時に日本政府の側に正確な拉致日本人の実数と個人名が掌握されていなければ、北朝鮮が「ハイ、これで全員です」と言ってきた場合、これに対抗することはかなりの難題である。

また、五月の日朝局長級協議で拉致問題解決の気運が高まり、国民の期待も膨《ふく》れ上がった。金正日《キムジヨンイル》総書記と違い、拉致を命じていない金正恩《キムジヨンウン》ならこの問題を解決する可能性があるのではないか。彼にはスイス留学のキャリアもあり、国際情勢にも通じている。そんな彼なら話し合いも期待できるのでは、という声が一部にある。こうした見方は、外務省の中にも存在している。

だが、これはおかしい。そもそも拉致は単なる一個人による単純な誘拐事件ではない。それは朝鮮労働党の南朝鮮解放戦略という革命工作活動の一環として実行されたものである。世界各国における大規模な現地人拉致が、朝鮮労働党の根本的な路線として背景にあるのだ。

そしてこの路線は、祖父金日成《キムイルソン》から子の正日へ、そして今では三代目の正恩へと継承されているものなのである。北朝鮮は金日成以来の南朝鮮解放戦略を撤回したことはない。拉致がそのような崇高な革命的行為とされていたからこそ、首謀者たちは英雄称号を授与されたのである。さらに実行部隊は人民軍と情報諜報機関のメンバーたちである。彼らこそ政権を支える中軸機関。拉致の全貌をあきらかにし、安倍総理の言うすべての日本人を帰国させるには、金正恩が軍と情報機関を完全に掌握しきっていない限り、困難である。

いまだ「権威」を確立できていない金正恩

金正恩は、金日成、金正日と三代にわたる金王朝の血の正統性を根拠にして、党第一書記、人民軍最高司令官、国防委員会委員長に就任した。

確かにこうした肩書だけでいえば祖父の金日成、父親の金正日と何ら遜色《そんしょく》がない。だが、実態はどうか。渓流の激しい流れの中で成長した天然アユと養殖アユでは、同じアユでも味も中身も違うように、父の急死で準備もないまま国家の運営をゆだねられた正恩には、形式的な「権力」はあっても、父や祖父のような「権威」はいまだにないのである。

二〇一二年夏、かつて金正日総書記の料理人を務めていた藤本健二《ふじもとけんじ》氏が「金正恩第一書記の招待」（本人談）という形で北朝鮮に入国、正恩氏らと会見し、歓迎宴まで開かれた。だが、その数カ月後に計画された二度目の訪朝は実現せず、彼はむなしく北京《ペキン》空港から日本に帰国せざるを得なかった。

軍と情報機関が、金正日総書記と党内の最高機密を暴露した藤本氏の再入国を許さなかったからだ。

この事態は異様である。金正日総書記が亡くなったのが二〇一一年の十二月十七日。その後、三男の金正恩は後継者として、翌一二年の四月には正式に労働党第一書記、軍事委員会委員長、そして国防委員会委員長のポストに就任しているのである。こうした絶対的なポストにいるはずの金正恩が直々に招請した藤本氏の入国が、二度目は実現しなかった。最高指導者の意向は公然と無視されているのだ。父親の時代にはあり得なかったことだ。

あれから二年。張成沢《チャンソンテク》粛清によって、いったんは金政権の求心力は高まったかに見える。だが、それは徹底した恐怖政治によるものであり、金第一書記個人は国内の経済再建や外交政策の分野ではまともな成果を上げているとは言い難い。このままでは政権は徐々に求心力を失う方向に向かうだろう。どう考えても、金正恩体制は父親の金正日や祖父の金日成に匹敵するほどの絶大な力を有してはいない。

これでは拉致問題の完全解決（すべての日本人の帰国）は期待できまい。軍と情報機関という政権の最高権力機関の意向を無視できるほど、たとえば、金正恩が横田《よこた》めぐみさんを帰すような政治的決断ができようとは思えない。

拉致完全解決には、日朝ともに強く安定した政権が不可欠である。

日中以上に異様な、中国と北朝鮮との関係

だが、ここにきて、拉致奪還を悲願にする安倍政権にとってチャンスが生まれたのも事実である。中国と北朝鮮とのこれまでの友好関係が、金正恩政権誕生以来、急速に冷却化

し、今では誰の目にも関係悪化が明らかになってきたからだ。

金正恩が訪中しないばかりか、中国サイドも習近平が党の総書記になっても、国家主席に就任した後も、北朝鮮を訪問していない。総書記就任から数えても二年になる。こうして中国も北朝鮮も新指導部の顔合わせが実現していないのである。これがいかに異様なことなのか、これまでの例を見ればあきらかになる。

①一九八二年四月　胡耀邦《こようほう》訪朝

中国共産党一四回大会で華国鋒《かこくほう》に替わって最高指導者に就《つ》いた胡耀邦は、大会後、鄧《とう》小平《しょうへい》とともに北朝鮮を秘密裡に訪問。当時は党主席の肩書で、金日成主席と会見している。このとき、首都平壌《ピョンヤン》のメインストリートには、中国と北朝鮮両国の国旗が掲揚されていた。

日本政府はその事実を、訪朝した朝鮮総連代表団の内部の「S」(情報協力者)の情報によって確認している。

②一九八九年四月　趙紫陽《ちょうしよう》訪朝

胡耀邦が民主化運動の責任を追及されて失脚したのち、代役として総書記の地位に就いたのが趙紫陽である。八七年十一月、総書記に正式就任。八九年四月に北朝鮮を公式訪問。だが帰国後、天安門《てんあんもん》事件の責任を問われ失脚。

③一九九〇年三月　江沢民《こうたくみん》訪朝

八九年六月、鄧小平の指名で総書記に。十一月、中央軍事委員会主席にも就任。同時期に金日成主席が非公式訪中。翌年三月、江沢民訪朝。これが最初の外遊先である。

④二〇〇五年十月　胡錦濤《こきんとう》訪朝

二〇〇二年十一月、共産党一六回大会で江沢民の後をついで総書記に。翌年国家主席。それから三年近い時間が経過したが、訪朝して金正日総書記と会談。両国の友好関係は維持されている。

文革中は中断していた中朝関係も、一九八〇年代になると、このように両国首脳の定期的な相互訪問を通じて、良好な関係を築くことに成功していたのである。矛盾も対立もある中国と北朝鮮の関係が決定的に悪化しなかったのは、この指導者同士の会談をベースにした信頼関係があったからだ。

確かに胡錦濤総書記の場合も、公式訪朝は就任の三年後であり、それまでの指導者に比べれば訪問は遅かった。だがその間も、金正日は何度も訪中していて、相互の意思疎通は図られていた。

尖閣列島（中国名・釣魚島《ちょうぎょとう》）の国有化をめぐって、日本の安倍晋三総理と習国家主席の首脳会談も二年間実現していない。だが仮にも中国にとって北朝鮮は、同盟関係にある国である。日本と同列には扱えない。

中国と北朝鮮の間では、外交交流も冷え切っている。二〇一四年に入り、中国側から北朝鮮に入国したのは、三月の、六者協議の中国首席代表である武大偉《ぶだいい》朝鮮半島問題特別代表くらいのものだ。形式的な外交関係はあるが、肝心の最高首脳どころか、党レベルの交流も中断したままだ。

こうした背景にあるのは相互不信である。習近平は、最初に北朝鮮を訪問するというこれまでの慣習を破って、この七月には北の敵国・韓国を訪問した。そればかりか朝鮮半島における抗日の歴史の正統な後継者は、戦前中国上海にあった亡命政権であると語ったことは、先にも述べたとおりである。日本の植民地支配と戦ったのが上海亡命政権であり、それが戦後の大韓民国建国につながるというのが韓国政府の作り上げた歴史認識であるから、中国はそれを尊重したわけである。

金日成の抗日武力抵抗こそが朝鮮民族の正統性があるとしてきた北朝鮮の言い分を否定したのが、よりにもよって同盟国・中国の最高指導者だった。

習近平の訪韓で、中国は金正恩を見捨てるかもしれないとのメッセージを伝えたのである。中国に媚《こ》びるのか、それとも名誉ある孤立か。

それに対して、金正恩が習近平に叩きつけた回答は、張成沢の粛清だった。

あらためて張成沢の「罪状」を読む

張を粛清した労働党が発表した文書として重要なのが、十二月九日付で労働新聞に掲載された「朝鮮労働党中央委員会政治局拡大会議に関する報道」と、十三日付の「国家安全保衛部特別軍事法廷に関する報道」である。社会主義国の報道は、常に党の検閲があり、ベールに覆われている。だが眼光紙背に徹して読めば、それなりの事実の輪郭は見えてくるものだ。

張粛清の理由については、これまでにも触れているが、まだ紹介していなかった部分を抜き書きしてみよう。

「(張は)一定の時期になり、経済がさらに悪化し国が崩壊寸前になれば、経済機関を内閣に集中し、自分が総理になるつもりだった」

「その後経済問題を解決すれば人民と軍隊は私に万歳を叫び政変は順調に達成すると考えた」

「外部世界は自分を改革者と認識しており、短期間で新政権は外国の『認定』を受けることができると考えた」

事実だとすれば、恐るべき謀反《むほん》の告白だ。張はクーデターを考えていたというのである。外国の「認定」とは中国と韓国のことだろう。

彼は労働党有数の中国首脳とのパイプを持っていた。その自信が彼を転落させたのだ。もはや中国は敵国となっていたのである。今の北朝鮮にとって、中国の内政干渉をともなう援助をこれ以上受けるのは、危険である。

とはいえ、中国以外にまともな援助をしてくれる国はない。例外が、ソ連時代のような期待はできないものの、それでも北に好意的なロシアか、拉致を餌にした交渉カードを持つ日本くらいである。

中国による干渉の対象は、経済政策ばかりではない。北の先軍政治路線の延長にある極左軍事外交にも及んでいる。北にとっては、いかなる批判を受けようと、これが金日成・正日から受けついだ遺訓政治であることは事実なのだ。

北が核放棄する可能性は一〇〇%ない。北から言えば、何と言おうがそれは自主権に属する問題なのだ。それを、周辺国を巻き込んで放棄させようというのが、中国が主宰する六者協議である。北朝鮮からすれば、中国は自分では膨大な核を持ちつつ、小国である朝鮮には核を持つなと、米国と手を組んで圧力をかけている。こう見えるのだ。

北朝鮮の中国不信は、労働新聞など公式メディアにおいて「自主」という言葉が増えていることからもわかる。

そこで重要なのが、こうした中国、米国、ロシア、日本、韓国などとともにミサイル実験などに反対したのが張成沢その人だったことである。

金正恩の恐怖は、祖国の中国植民地化

千丈《せんじょう》の堤《つつみ》も蟻《あり》の一穴《いっけつ》から崩れる、という。金正恩体制で党内軍内をまとめなければな

らないそのときに、張は中国をバックに、公然と首領に対して裏切りを図ったのである。

張の出現は、金正恩を震え上がらせるに十分であった。なぜなら、中国をバックに中国資本を導入し、中国式「市場経済」を唱える重要人物が張だけではなかったからだ。それは金正男《キムジョンナム》。正恩の腹違いの兄であり、父・金正日の長男である。彼は東京新聞の五味《ごみ》記者の質問に対して、こう答えている。

「祖国の生き残りには中国式改革が必要だ。中国資本を導入し、徐々に市場経済を進めることだ」

正男はこれを亡命先の中国国内で語ったのである。

彼だけではない。もう一人の亡命者も同じことを口にしている。黄長燁《ファンジャンヨプ》書記である。北の国家思想である主体（チュチェ思想）の創始者であり、北のマルクスとも呼ばれたこともある黄書記は、労働党時代国際局に在籍し、中国指導部とも親しい関係を持っていた人物だ。

北朝鮮は、ロシアも米国も韓国も怖くはない。彼らが武力で北を打倒するとも思わない。彼らはそこまで北にコミットしようとも考えていないし、影響もない。

だが中国は違う。地理的に近いだけではなく、援助という武器を持つからだ。中国の対外援助は、被援助国の内政と外交を変更させる武器となっている。かつてベトナムは、このことを糾弾した。あるいは同盟国だった東欧のアルバニアも、中国からの援助が党内に中国派を生み、一枚岩の団結を脅かしたと暴露した。

張成沢、金正男、黄長燁。中国と親しい関係にあった彼らは、中国式市場経済の提唱者となった。そうした彼らの発言は国際的孤立状態にある北朝鮮にとって、ひたすら中国に依存するしかない祖国の植民地化を意味する。

金正恩が恐怖したのも、この現実だった。

金正日総書記が急死してから一カ月後。北京で「東北アジア新情勢とその戦略的影響」と題した研究会が開かれた。参加者は中国の大学、シンクタンクの朝鮮研究者たちだった。飛び出した発言はある意味、露骨なものだった。中国はもう北朝鮮に遠慮や配慮はしないという本音が充満している。

「我が国は積極的に北の改革開放を支援し、経済の軟着陸を図らなければならない」

北朝鮮の体制の強さは、国民の半分を占める敵対階層を無視できることだ。彼らには政権を脅かす力はないし、民主化運動が広がるほど朝鮮は近代社会ではないからだ。だとすれば敵は、今は政権を支持している核心階層の中に潜んでいるということになる。

ソ連のフルシチョフやゴルバチョフ。彼らは共産党内にいた。中国の林彪《りんぴょう》は党の副主席だったのだ。

これまで核心階層が忠誠を誓っていたのは、その代償として物質的恩恵が保証されていたからだ。高級マンションに自家用車、レベルの高い教育などがそれだ。しかし経済破綻が深刻化すると、政権側にそうした余裕はなくなってきた。

そうした忠誠層を支えてきたのが実はこの一〇年、国内に流入してきたチャイナマネーなのである。

中国が東北地方開発の関連で、あるいは資源開発の思惑で、北朝鮮にさまざまな支援や投資を増大させる。こうしたビジネスの窓口に寄生することで労働党は内部に新富裕層を誕生させ、彼らからの信任を手にしてきたのである。富裕層のシンボルが、処刑された張成沢周辺のグループである。

彼の失脚後、北朝鮮と中国の関係は冷え切り、二〇一四年一月から八月までの間、公式統計では、中国から北朝鮮に原油は輸出されていない。実際には最低限の供給は続いているようだが、中国のスタンスは、あくまで「生かさず殺さず」である。中国にとっても、急激な崩壊だけは怖いからだ。

この直後から、北朝鮮はこれまでの姿勢を一転させて、日本に対する微笑を始めるのである。

中国の悲願と焦り

二〇一三年一月に開催された吉林省《きつりんしょう》の人民代表大会で「今後五年間の長吉図（長春《ちょうしゅん》、延吉《えんきつ》、図們《ともん》）開放地域建設を加速し、中朝、中ロ（対ロシア）、中蒙（対モンゴル）を結ぶ一大交通ネットワークの開通を推進する」ことが決議された。

中国はこの計画に本腰を入れている。ユーラシアと朝鮮半島を結ぶ国際線が誕生するからだ。極東開発は一〇〇年来の悲願なのである。

多国間の東北地域開発（豆満江《とまんこう》開発計画）は、二〇年以上前の一九九二年に、国連開発計画（UNDP）から重点計画に指定されたにもかかわらず、その後も「中露韓、そして北朝鮮、各国間のスムーズな交通ルートが保証されていない」（吉林省人民代表大会報告）ために、今も実現を見ていない。障害は北朝鮮の存在である。中国が外資を導入するためのツールとして、交通インフラは不可欠なのである。

中朝両国間を結ぶ国境列車が、二〇一三年の一月から毎日一本運行を始めた。中朝国境の丹東《たんとう》から北朝鮮の平壌を結ぶこの国際列車は一九五四年来、ほぼ六〇年間、毎週上下四本の運行のままだった。増便の背景には、中朝両国の経済貿易分野の関係拡大がある。だが事態は中国が望む方向にだけ向かっているわけではない。援助と投資は、中国からだけの、一方的なものだからだ。

北朝鮮は中国なしにサバイバルできない。中国もまた、北朝鮮の資源の確保に大々的な投資を行なう。こうしたチャイナマネーの受け皿になってきたのが張副委員長だったのである。

まとめよう。中国と北朝鮮の相互の不信感が沈静化していない現状では、よほど互いの譲歩がない限り、相互訪問は難しい。日中首脳会談よりも中朝首脳会談の方がはるかに困難なのだ。特に金正恩は張を粛清したばかりだし、新指導者の面目《メンツ》からも、下手《したて》には出られまい。その分だけ、北朝鮮の日本とロシアに対する接近は続く。

正恩の最初の訪問国が、ロシアになることもありうる。

だが肝心の対日アプローチも、拉致問題で日本の世論を軟化させるだけのダイナミックな提案がないと苦しい。カギは、金第一書記が軍に拉致問題で協力させることができるかどうかである。それだけの指導力があるのかどうかが、問われている。

問題はここである。仮に成果がないまま時間だけが経過していけば、政権の求心力は落ち、クーデターの可能性も出てくるだろう。

予想される韓国からの抗議

拉致を抱える日本のカードが経済支援。北朝鮮の対日接近の理由もこれだ。だが問題は山積だ。一兆円という援助金額も、それでは済むまい。プロジェクトの完成までのトラブルを念頭におくと、これまでの例からも援助供与額が減ることはない。円借款の抱える問題も無視できない。工事受注業者の指名権が金正恩ら北朝鮮の首脳部にあることから、賄賂は必然となる。

日本からの北朝鮮支援をめぐり、日本、中国、それに韓国、ロシアなど周辺各国の受注合戦も激戦が予想される。なかでも北朝鮮経済の心臓部を押さえている中国のゼネコンや車両メーカーは、援助プロジェクトの確保にさまざまな外交的影響力を行使してくる。注目されるのが、鉄道の大手ゼネコンである「中国中鉄」や「中国鉄建」、それに「中国南車」などである。中東、アフリカなど第三世界において、インフラの大型建設工事を確保することは、いまや中国の外交方針ともなっている。朝鮮プロジェクトをめぐっても、日中の受注合戦が間違いなく起こるだろう。

また日本の対北経済支援を見て、韓国政府と国民から、一九六五年の日韓正常化に際しての日本からの経済支援と比較しての疑問やクレームが湧き起こる可能性も高い。考えられるのは、「賠償金は少なすぎた」というブーイングである。安倍総理が語る拉致と正常化の一挙解決（これは小泉訪朝以後、歴代の内閣が踏襲してきた）が、いかに問題の多いテーマであるかがわかる。

それだけに、私はいったん日朝宣言の合意を見直すべきだと思う。現実にも核問題の解決がない限り、米国も日本と北の正常化を認めまい。さらに金政権内部の構造的な不安定さ。政権内部から中国との関係改善を求める政治勢力が登場する可能性もある。

拉致問題解決と国交正常化、一括解決の条件

ここで私見を述べることを許していただけるなら、私は安倍首相が唱える一括解決方式、つまり北朝鮮が拉致した日本人を全部帰してきたら、正常化に踏み切るという方針に、大いに疑問を感じている。今のまま正常化を断行すれば、意に反して、崩壊過程にある独裁政権を支援することにしかならないからである。それでは日本人が全員帰ってくる

ことにはならないだろう。多少でも今よりはまともな政権が登場するまでは、残念だが、金《かね》を払いながら何人かずつ取り返していくしか、方法はない。一括解決方式は、金日成とは異なった世界観、革命論を持つような、人間が北朝鮮に出てこない限り、無理だからである。

一方で、日本のゼネコンや商社が、賠償プロジェクトでいくら入るかという皮算用まで始めている。使われるのは国民の税金である。ならば、日本人はきちんと知識を持って、戦略的に対応しなければならない。このままなら、まず正常化ありきという外務省の面子《メンツ》のためだけに、膨大な資金が北朝鮮に流れて無駄に使われ、中国の朝鮮半島進出を加速させる可能性すらある。

朝鮮半島で難しいのは、正常化を急ぐと。金正恩の後の政権が日本は彼らを支援した、延命させたといってくる可能性が高いことだ。

最後に押さえておいてほしいのは中国の政治的・経済的影響力拡大で、北朝鮮は建国の大義、国家の中心イデオロギーであるチュチェ（主体）が侵されようとしていることだ。

一方、北朝鮮にとって日本との賠償金は、色のついていない、しかも金額が大きく条件がいい。垂涎《すいぜん》の的《まと》だ。こうなると、北朝鮮が日本に、より接近してくるのは間違いない。

北朝鮮の現状では、正常化以前でも援助を求めてくる。余裕はないのだ。

拉致問題解決の切り札

ここでもう一度確認しておきたいのは「日朝平壌宣言」とは、なにかということだ。

① 宣言は二〇〇二年当時、小泉総理と金正日総書記の間で確認合意されたものである。

② ここにある内容は、首脳会談の実現以前の段階で、槙田邦彦《まきたくにひこ》、田中均《たなかひとし》という二人のアジア大洋州局長が、北朝鮮の「ミスターX」と三〇回に及ぶ秘密交渉を通じて作成された叩き台がもとになっている。

③ 両者の間でまとめられた内容は、事前に小泉総理と金総書記に提出され、了解を得たものである。

今の時点でこの三点を振り返れば、「宣言」は、北朝鮮側が「日本人拉致など荒唐無稽なでっち上げ」と強弁しつづけていた時期につくられたものだということがわかる。

だからこそ、「宣言」には、日本の植民地支配への謝罪と経済支援だけはこれでもか、というくらい書かれている一方、肝心の拉致については「拉致」という言葉そのものの記載がないのである。そもそも冒頭にあるのは「両首脳は、日朝間の不幸な過去を清算し、……実りある政治、経済、文化関係を樹立することが、双方の基本利益に合致する」という文章で、「（双方は）国交正常化を早期に実現させるため、あらゆる努力を傾注することとし、……二〇〇二年十月中に日朝正常化交渉を再開することとした」とつづく。このようにまず正常化ありき、なのだ。そのためには「あらゆる努力を傾注する」というのである。

次に何が出てくるのか。ここでも「拉致」は出てこない。

まず日本側の謝罪から始まるのである。

「日本側は、過去の植民地支配によって、朝鮮の人々に多大の損害と苦痛を与えたという歴史の事実を謙虚に受け止め、痛切な反省と心からのお詫びの気持ちを表明した」

「お詫びの気持ち」はどう具体化されるのか。経済支援がそれである。そのことが次に列記してある。

正常化後、「双方が適切と考える期間にわたり」、「無償資金協力」、「低利の長期借款」（わざわざ「低利」と明記してある）、「国際機関を通じた人道主義的支援」（世界銀行、アジア開発銀行への加盟をバックアップし、そこからの援助もフォローしますということ)、さらに、「民間経済活動を支援する見地から、国際協力銀行等による融資、信用供与等が実施されること」が約束されているのである。

これが至れり尽くせりの内容であることは、すでにレポートした。

次が「在日朝鮮人の地位に関する問題及びと文化財の問題」だ。植民地への謝罪と、在日への配慮がまず先なのだ。

拉致については「日本国民の生命と安全にかかわる懸案問題」としか触れられていない。それどころか、堂々と北朝鮮側はこれを居直ってもいるのだ。

「朝鮮民主主義人民共和国側は、日朝が不正常な関係にある中で生じたこのような遺憾な問題が今後再び生じることがないよう適切な措置をとることを確認した」

国家犯罪である拉致は単なる「遺憾な問題」にすぎず、それは「不正常な関係」、つまり国交が成立していないから起こったのだと言い放つ。もちろん金総書記からの謝罪の言葉もない。対して日本側は「歴史の事実を謙虚に受け止め」「痛苦な反省と心からのお詫びの気持ちを表明」する一方である。悪いのはひたすら日本側なのだ。

読者の方も、改めて「宣言」を読み返してほしい。

よくこれほど亡国的な合意をしてきたものである。日朝平壌宣言は、日本外交の敗北白書として長く記憶されるべきものである。一二年前と違い、いまでは日本人ばかりか、世界中が拉致を知っている。国連でも非難決議がなされている。警察庁の推定だと被害者は八〇〇人を超える。

にもかかわらず、拉致すら認めていない公的文書が今も「有効である」と政府外務省は言い続けている。そればかりか、こうした「反省と謝罪」を根拠に、日本から膨大な経済支援が実行される。

北朝鮮が日本人拉致を「反省し謝罪」して、日本に賠償金を払うという話ではないのである。拉致はそれほど小さなテーマなのだろうか。

問題はこうした内容の合意が、今春の「日朝外務省局長級協議・合意事項」(二〇一四年五月二十九日)でも再確認されていることだ。

なぜこんな愚かなことが続いているのだろうか。それは国民が、「宣言」に書かれた亡国的な中身を知らないからである。

それでいて、将来、日朝合意の請求書だけは国民に回ってくるのである。

拉致被害が明らかになった今でも、二〇〇二年に結ばれた「拉致」なき合意が生き続け、日本外交を拘束している。いまや「宣言」は見直し、あるいは破棄されるべき存在であろう。前提であった、北が拉致はしていないという彼らの言い分が、とっくに崩壊しているからだ。このままなら「宣言」は、将来の日本と日本人にとっても何の益をもたらすことはないだろう。北は誘拐と拉致だけではない。国際的禁治産国家でもある。借金踏み倒しの常習犯なのだ。北朝鮮への膨大な支援は本当に返ってくるのかどうか。

外務省と政府が「宣言」が生きているとしたことで、北は逆に日本の足元を見てしまった。昨年暮れからの日本との秘密交渉を通じて、北朝鮮は日本政府と外務省のいい加減さを理解し、少なくても彼らは日本側が本気で拉致に怒ってはいないことを理解した。腹の底から怒りを表明しつづけているのは拉致家族と国民だけであり、政府ではないことを知ったのである。最初からボタンのかけ違いだった。

日本政府がやるべきことは、まず正常化ありきという二〇〇二年の合意「宣言」ではなく、これを白紙化したうえで、拉致解決を最優先した対北朝鮮外交に軌道を修正すべきだったのだ。

北朝鮮の腹の中は、こうだ。

次は、日本にまだ残っている贖罪派文化人やメディアを通じて、国交正常化の世論を醸成すればいい。それに反対の声をあげる者たちには、ヘイト（人種差別）の言葉を浴びせればいい。あとは日本政府が国民を黙らせてくれるだろう。

だから、「調査の結果が知りたければ、お前たちが平壌に来い」と北朝鮮は高飛車に言い放つことができたのである。彼らは日本の制裁復活はもうないと安心しきっている。

だからこそ、日本が本気で拉致問題を解決したいのなら、日朝宣言に拘束されないという外交表明、そして日本国内では朝鮮総連の本部売却と朝鮮学校への補助金の全面停止、そして日本人拉致に協力した在日朝鮮人の逮捕を、勇気をもって実行すべきだろう。不正義に対する国民のまっとうな怒りこそが、拉致解決の最大の力になるうる。

このままなら、安倍政権と外務省は、いずれ歴史の審判の場に呼び出されることになるだろう。

〈資料①〉　日朝平壌宣言

小泉純一郎日本国総理大臣と金正日朝鮮民主主義人民共和国国防委員長は、2002年9月17日、平壌で出会い会談を行った。

両首脳は、日朝間の不幸な過去を清算し、懸案事項を解決し、実りある政治、経済、文化的関係を樹立することが、双方の基本利益に合致するとともに、地域の平和と安定に大きく寄与するものとなるとの共通の認識を確認した。

1.　双方は、この宣言に示された精神及び基本原則に従い、国交正常化を早期に実現させるため、あらゆる努力を傾注することとし、そのために2002年10月中に日朝国交正常化交渉を再開することとした。

双方は、相互の信頼関係に基づき、国交正常化の実現に至る過程においても、日朝間に存在する諸問題に誠意をもって取り組む強い決意を表明した。

2.　日本側は、過去の植民地支配によって、朝鮮の人々に多大の損害と苦痛を与えたという歴史の事実を謙虚に受け止め、痛切な反省と心からのお詫びの気持ちを表明した。

双方は、日本側が朝鮮民主主義人民共和国に対して、国交正常化の後、双方が適切と考える期間にわたり、無償資金協力、低金利の長期借款供与及び国際機関を通じ

た人道主義的支援等の経済協力を実施し、また、民間経済活動を支援する見地から国際協力銀行等による融資、信用供与等が実施されることが、この宣言の精神に合致するとの基本認識の下、国交正常化交渉において、経済協力の具体的な規模と内容を誠実に協議することとした。

双方は、国交正常化を実現するにあたっては、1945年8月15日以前に生じた事由に基づく両国及びその国民のすべての財産及び請求権を相互に放棄するとの基本原則に従い、国交正常化交渉においてこれを具体的に協議することとした。

双方は、在日朝鮮人の地位に関する問題及び文化財の問題については、国交正常化交渉において誠実に協議することとした。

3.　双方は、国際法を遵守し、互いの安全を脅かす行動をとらないことを確認した。また、日本国民の生命と安全にかかわる懸案問題については、朝鮮民主主義人民共和国側は、日朝が不正常な関係にある中で生じたこのような遺憾な問題が今後再び生じることがないよう適切な措置をとることを確認した。

4.　双方は、北東アジア地域の平和と安定を維持、強化するため、互いに協力していくことを確認した。

双方は、この地域の関係各国の間に、相互の信頼に基づく協力関係が構築されることの重要性を確認するとと

もに、この地域の関係国間の関係が正常化されるにつれ、地域の信頼醸成を図るための枠組みを整備していくことが重要であるとの認識を一にした。

双方は、朝鮮半島の核問題の包括的な解決のため、関連するすべての国際的合意を遵守することを確認した。また、双方は、核問題及びミサイル問題を含む安全保障上の諸問題に関し、関係諸国間の対話を促進し、問題解決を図ることの必要性を確認した。

朝鮮民主主義人民共和国側は、この宣言の精神に従い、ミサイル発射のモラトリアムを2003年以降も更に延長していく意向を表明した。

双方は、安全保障にかかわる問題について協議を行っていくこととした。

日本国	朝鮮民主主義人民共和国
総理大臣	国防委員会　委員長
小泉　純一郎	金　正日

2002年9月17日
平壌

〈資料②〉　日朝局長級協議・合意事項

（2014年5月29日）

双方は、日朝平壌宣言にのっとって、不幸な過去を清算し、懸案事項を解決し、国交正常化を実現するために、真摯《しんし》に協議を行った。

日本側は、北朝鮮側に対し、1945年前後に北朝鮮域内で死亡した日本人の遺骨及び墓地、残留日本人、いわゆる日本人配偶者、拉致被害者及び行方不明者を含む全ての日本人に関する調査を要請した。

北朝鮮側は、過去北朝鮮側が拉致問題に関して傾けてきた努力を日本側が認めたことを評価し、従来の立場はあるものの、全ての日本人に関する調査を包括的かつ全面的に実施し、最終的に、日本人に関する全ての問題を解決する意思を表明した。

日本側は、これに応じ、最終的に現在日本が独自に取っている北朝鮮に対する措置（国連安保理決議に関連して取っている措置は含まれない）を解除する意思を表明した。

双方が取る行動措置は次のとおりである。双方は、速やかに、以下のうち具体的な措置を実行に移すこととし、そのために緊密に協議していくこととなった。

――日本側

第一に、北朝鮮側と共に、日朝平壌宣言にのっとって、不幸な過去を清算し、懸案事項を解決し、国交正常化を実現す

る意思を改めて明らかにし、日朝間の信頼を醸成し関係改善を目指すため、誠実に臨むこととした。

第二に、北朝鮮側が包括的調査のために特別調査委員会を立ち上げ、調査を開始する時点で、人的往来の規制措置、送金報告及び携帯輸出届け出の金額に関して北朝鮮に対して講じている特別な規制措置、及び人道目的の北朝鮮籍の船舶の日本への入港禁止措置を解除することとした。

第三に、日本人の遺骨問題については北朝鮮側が遺族の墓参の実現に協力してきたことを高く評価し、北朝鮮内に残置されている日本人の遺骨及び墓地の処理、また墓参について、北朝鮮側と引き続き協議し、必要な措置を講じることとした。

第四に、北朝鮮側が提起した過去の行方不明者の問題について、引き続き調査を実施し、北朝鮮側と協議しながら、適切な措置を取ることとした。

第五に、在日朝鮮人の地位に関する問題については、日朝平壌宣言にのっとって誠実に協議することとした。

第六に、包括的かつ全面的な調査の過程において提起される問題を確認するため、北朝鮮側の提起に対して、日本側関係者との面談や関連資料の共有等について、適切な措置を取ることとした。

第七に、人道的見地から、適切な時期に、北朝鮮に対する人道支援を実施することを検討することとした。

――北朝鮮側

第一に、1945年前後に北朝鮮域内で死亡した日本人の遺

骨及び墓地、残留日本人、いわゆる日本人配偶者、拉致被害者及び行方不明者を含む全ての日本人に関する調査を包括的かつ全面的に実施することとした。

第二に、調査は一部の調査のみを優先するのではなく、全ての分野について、同時並行的に行うこととした。

第三に、全ての対象に対する調査を具体的かつ真摯に進めるために、特別の権限（全ての機関を対象とした調査を行うことのできる権限）が付与された特別調査委員会を立ち上げることとした。

第四に、日本人の遺骨及び墓地、残留日本人並びにいわゆる日本人配偶者をはじめ、日本人に関する調査及び確認の状況を日本側に随時通報し、その過程で発見された遺骨の処理と生存者の帰国を含む去就の問題について日本側と適切に協議することとした。

第五に、拉致問題については、拉致被害者及び行方不明者に対する調査の状況を日本側に随時通報し、調査の過程において日本人の生存者が発見される場合は、その状況を日本側に伝え、帰国させる方向で去就の問題に関して協議し、必要な措置を講じることとした。

第六に、調査の進捗《しんちょく》に合わせ、日本側の提起に対し、それを確認できるよう、日本側関係者による北朝鮮滞在、関係者との面談、関係場所の訪問を実現させ、関連資料を日本側と共有し、適切な措置を取ることとした。

第七に、調査は迅速に進め、その他、調査過程で提起される問題はさまざまな形式と方法によって引き続き協議し、適切な措置を講じることとした。

〈資料③〉日朝関係に関する日本の自由民主党、日本社会党、朝鮮労働党の共同宣言

（1990年9月28日）

自由民主党代表団と日本社会党代表団が1990年9月24日から9月28日まで朝鮮民主主義人民共和国を訪問した。

朝鮮労働党中央委員会総書記金日成主席は自由民主党代表団と日本社会党代表団と会見した。

会見席上で、金丸信団長と田邊誠団長は朝鮮労働党の中央委員会総書記金日成主席に自由民主党の海部俊樹総裁の親書、日本社会党土井たか子中央執行委員長の親書を手渡した。

訪問期間中、衆議院議員金丸信を団長とする自由民主党代表団、中央執行副委員長田邊誠を団長とする日本社会党代表団、党中央委員会書記金容淳を団長とする朝鮮労働党代表団間の数次にわたる三党共同会談が行われた。

三党代表団は、自主・平和・親善の理念にもとづき日朝両国間の関係を正常化し発展させることが両国国民の利益に合致し、新しいアジアと世界の平和と繁栄に寄与すると認めつぎのように宣言する。

一、三党は、過去に日本が36年間朝鮮人民に与えた大きな不幸と災難、戦後45年間朝鮮人民が受けた損失について、朝鮮民主主義人民共和国に対し、公式的に謝罪を行い十

分に償うべきであると認める。自由民主党海部俊樹総裁は、金日成主席に伝えたその親書で、かつて朝鮮に対して日本が与えた不幸な過去が存在したことにふれ、「そのような不幸な過去につきましては、竹下元総理が、昨年3月国会におきまして深い反省と遺憾の意を表明しておりますが、私も内閣総理大臣として、それと全く同じ考えである」ということを明らかにして、日朝両国間の関係を改善する希望を表明した。

自由民主党代表団団長である金丸信衆議院議員も朝鮮人民に対する日本の過去の植民地支配に対して深く反省する謝罪の意を表明した。三党は、日本政府が国交関係を樹立すると同時に、かつて朝鮮民主主義人民共和国の人民に被らせた損害に対して十分に償うべきであると認める。

二、三党は、日朝両国間に存在している不正常な状態を解消し、できるだけ早い時期に国交関係を樹立すべきであると認める。

三、三党は、日朝両国間の関係を改善するために政治・経済・文化などの各分野で交流を発展させ、当面は、通信衛星の利用と、両国間の直行航路を開設することが必要であると認める。

四、三党は、在日朝鮮人が差別されず、その人権と民族的諸権利と法的地位が尊重されるべきであって、日本政府は、これを法的にも保証すべきであると認める。

三党は、また、日本当局が朝鮮民主主義人民共和国と関連して、日本のパスポートに記載した事項を取り除くことが必要であるとみなす。

五、三党は、朝鮮は一つであり、北と南が対話を通じて平和的に統一を達成することが朝鮮人民の民族的利益に合致すると認める。

六、三党は、平和で自由なアジアを建設するために共同で努力し、地球上のすべての地域で将来核の脅威がなくなることが必要であると認める。

七、三党は、朝日両国間の国交樹立の実現と懸案の諸問題を解決するための政府間の交渉が本年11月中に開始されるよう強く働きかけることについて合意した。

八、三党は、両国人民の念願とアジアと世界の利益に即して、自由民主党と朝鮮労働党、日本社会党と朝鮮労働党間の関係を強化し、相互協調をさらに発展させることを合意した。

1990年9月28日

平壌にて

自由民主党を代表して　　金丸　信

日本社会党を代表して　　田邊　誠

朝鮮労働党を代表して　　金　容淳

切りとり線

★読者のみなさまにお願い

この本をお読みになって、どんな感想をお持ちでしょうか。祥伝社のホームページから書評をお送りいただけたら、ありがたく存じます。今後の企画の参考にさせていただきます。また、次ページの原稿用紙を切り取り、左記まで郵送していただいても結構です。

お寄せいただいた書評は、ご了解のうえ新聞・雑誌などを通じて紹介させていただくこともあります。採用の場合は、特製図書カードを差しあげます。

なお、ご記入いただいたお名前、ご住所、ご連絡先等は、書評紹介の事前了解、謝礼のお届け以外の目的で利用することはありません。また、それらの情報を6カ月を越えて保管することもありません。

〒101-8701（お手紙は郵便番号だけで届きます）
祥伝社新書編集部
電話03（3265）2310
祥伝社ホームページ　http://www.shodensha.co.jp/bookreview/

★本書の購買動機（新聞名か雑誌名、あるいは○をつけてください）

＿＿＿＿新聞の広告を見て	＿＿＿＿誌の広告を見て	＿＿＿＿新聞の書評を見て	＿＿＿＿誌の書評を見て	書店で見かけて	知人のすすめで

★100字書評……日朝正常化の密約

名前

住所

年齢

職業

青木直人　あおき・なおと

1953年、島根県生まれ。中央大学卒。中国問題に関する緻密な取材と情報収集、事実を押さえたアジア情勢の分析は、大手機関投資家からも高い評価を受けている。『中国ODA6兆円の闇』『田中角栄と毛沢東』『北朝鮮処分』『米中同盟で使い捨てにされる日本』など、中国・東アジア関連の著作多数。祥伝社新書では『誰も書かない中国進出企業の非情なる現実』、西尾幹二氏との共著に『尖閣戦争』がある。現在ネット配信紙「ニューズレター・チャイナ」編集長。
http://aoki.trycomp.com/NL/

日朝正常化《につちょうせいじょうか》の密約《みつやく》

青木直人《あおきなおと》

2014年11月10日　初版第1刷発行

発行者……………竹内和芳
発行所……………祥伝社《しょうでんしゃ》
〒101-8701　東京都千代田区神田神保町3-3
電話　03(3265)2081(販売部)
電話　03(3265)2310(編集部)
電話　03(3265)3622(業務部)
ホームページ　http://www.shodensha.co.jp/

装丁者……………盛川和洋
印刷所……………萩原印刷
製本所……………ナショナル製本

Printed in Japan　ISBN978-4-396-11388-9　C0236